KB057228

무지한 자들과 대화하는 법

무지한 자들과 대화하는 법

페터 모들러 지음   김현정 옮김

논리만 펴는 사람은
이기지 못한다

시그마북스
Sigma Books

무지한 자들과 대화하는 법

발행일 2020년 10월 15일 초판 1쇄 발행
지은이 페터 모들러
옮긴이 김현정
발행인 강학경
발행처 시그마북스
마케팅 정제용
에디터 김은실, 장민정, 최윤정, 최연정
디자인 김은경, 김문배

등록번호 제10-965호
주소 서울특별시 영등포구 양평로 22길 21 선유도코오롱디지털타워 A402호
전자우편 sigmabooks@spress.co.kr
홈페이지 http://www.sigmabooks.co.kr
전화 (02) 2062-5288~9
팩시밀리 (02) 323-4197
ISBN 979-11-90257-80-0(03320)

Mit Ignoranten sprechen. Wer nur argumentiert, verliert
© 2019, Campus Verlag GmbH, Frankfurt am Main

Korean Translation © 2020, Sigma Books.
Korean translation rights arranged with Campus Verlag GmbH through EntersKorea Co., Ltd., Seoul, Korea.

이 책의 한국어판 저작권은 ㈜엔터스코리아를 통한 저작권사와의 독점 계약으로 **시그마북스**가 소유합니다.
저작권법에 의하여 한국 내에서 보호를 받는 저작물이므로 무단전재와 무단복제를 금합니다.

이 도서의 국립중앙도서관 출판예정도서목록(CIP)은 서지정보유통지원시스템 홈페이지(http://seoji.nl.go.kr)와
국가자료종합목록 구축시스템(http://kolis-net.nl.go.kr)에서 이용하실 수 있습니다. (CIP제어번호 : CIP2020038536)

* **시그마북스**는 ㈜**시그마프레스**의 자매회사로 일반 단행본 전문 출판사입니다.

차례

서문

혹은 :
논거의 침몰

무지한 자들 – 악의가 없는가 아니면 의도적인가

파리 시를 돌아다니다가 길을 잃는다. 대수롭지 않은 일이다. 그런데 내가 타야 할 기차가 역에서 곧 출발할 예정이다. 그래서 나는 행인에게 파리 동역으로 가는 길을 묻는다. 행인은 이렇게 대답한다. "모르겠어요Je l'ignore."

악의가 전혀 담기지 않은 진술이다. 행인은 길을 모르며 전혀 알고 있는 것 같지도 않다. 또한 상냥한 거짓말로 나를 막다른 길로 보내지도 않는다. 그렇다. 그는 그저 자신이 모른다는 사실을 솔직하게 인정한 것이다. 나는 그에게 나쁜 감정을 느끼지 않고 그냥 다른 사람에게 길을 다시 물을 수 있다. '모르겠어요' 이러한 종류의 무지함에는 어떤 가치 등을 평가하는 어조가 담겨 있지 않다. 프랑스어로는 말이다.

그런데 독일어는 완전히 다르다. '무지Ignoranz'라는 독일어 단어는 두 개의 의미를 넘나든다. 즉 무지에는 전혀 모른다는 뜻과 함께 이러한 편협함을 어느 정도 당당하게 생각하는 태도도 담겨 있다('나는 이웃마을에 아직 한 번도 간 적이 없고 앞으로도 갈 생각이 전혀 없어.'). 무능함에는 이중적 저주가 담겨 있다. 즉 누군가가 어떤 것을 모른다는 것이 첫 번째 저주고, 그 사람이 자신의 무능함을 전혀 모른다는 것이 두 번째 저주다.

또한 '무지'라는 독일어 단어에는 의도적으로 연출된 무지함도 포함되어 있다. 말하자면 어떤 것을 '무시ignorieren'하는 사람은 그 행위를 다분히 의도적으로 한다는 것이다. 그 사람은 원래 그것을 더 잘 알고 있거나 관련 사실을 전적으로 인지하고 있다. 하지만 완전히 반사적으로 그 사실을 외면하기로 결정한다. 무력함에서 혹은 비열한 의도에서 말이다. 이 경우에는 순수함의 여지가 있을 수 없다.

나는 회의를 주재한다. 그런데 스벤이 또 성가시게 이의를 제기한다. 하지만 나는 이를 무시하고 마치 아무런 발언이 없었다는 듯이 회의를 계속 진행한다. 어쨌든 내가 상사라면, 그런 이의는 꽤 자주 그냥 넘어간다.

아니면 회의실에 있는 모든 사람이 권리를 보장받아야 한다는 나의 도덕적 신념 때문에 스벤의 이의를 의식적으로 무시하지 않는다. 주제에서 벗어난 이야기들이 오가기 시작하고 회의가 걷잡을 수 없는 상태가 된다. 결국 내가 스벤을 무시하지 않은 사실에 모두가 신경이 곤두선다. 이처럼 무시를 한다는 것은 그렇게 간단한 일이 아니다.

독일어에서는 '무지' 혹은 '무시'와 관련된 단어들은 동사로 사용되든, 명사로 사용되든 매우 부정적인 의미를 갖는다. '저 사람은 무지한 사람이야!' '전혀 몰라!' 적어도 지성인들 사이에서 이러한 말들은 모욕적인 의미로 해석된다.

하지만 바로 여기에 수많은 불쾌한 경험에 대한 열쇠가 존재한다면 어떻게 될까? 매우 부정적으로 해석되는 이러한 무지함이 더 많은 자유와 재량을 제공한다면? 무지함을 반사적으로 무시하지 않고 그것을 내재화하는 행위가 특히 지성인들에게 그리고 굵직굵직한 공론에서 막대한 이득을 가져온다면? 대중 영합주의자들이 판치고 있는 시대에서 무지한 자들의 전술이 차별화 전략을 추구하는 이들의 도구가 될 수 있다면?

명백히 이러한 도구는 절실하게 필요하다. 안타깝게도 지금까지는 이러한 도구가 완전히 다른 방식으로 사용되고 있다. 단순주의자에 맞서 끊임없이 논거만 대는 사람은 매번 실패를 경험하게 된다.

그런데도 지성인들은 대체로 이 사실을 시인하지 않는다. 그들은 자신의 패배를 아름답게 미화하고 자신과 같은 무리들 사이에서 끈끈한 연대감을 표명하며 스스로 위로한다. 사람들은 보통 자신이 분개한 어떤 내용에 대해 게시물을 올리고 곧바로 별 의미 없는 '좋아요'를 얻는다. 또 500자 댓글을 쓰면서 정치적 타락을 한탄한다. 학식 있는 사람들은 차별화된 자신들의 논거가 수많은 중요한 논쟁에서 아무런 실효를 얻지 못하는 모욕적 경험을 굳이 하지 않으려고 한다. 그들은 사람들의 소통이 왜 이토록 처참하게 몰락했는지에 대해 진지하고 단호하게 해명하려고 하지 않는다.

우리는 논거를 전혀 대지 않는 사람들이 성공하는 모습, 그들이 자신이 원하는 것을 실제로 손에 넣는 모습, 그들이 분위기를 장악하는 모습을 늘 겪어봐서 알고 있다. 그리고 그들에게 일종의 선망 같은 매력을 느끼기도 한다. 반면 차별화를 추구하는 집단들은 늘 아무것도 얻지 못한다. 무지한 자들은 도대체 어떻게 그렇게 할 수 있는 것일까? 이에 대해 적극적으로 알아볼 필요가 있다.

우리는 바로 이 점을 이 책에서 살펴보려고 한다. 우리는 기업과 같은 공적 삶의 영역에서 무지한 자들의 흔적을 따라가 볼 것이다. 좀 더 분석적인 시각에서 표현하자면, 공적 영역과 기업 내에서 벌어지는 대립적 논쟁의 소통 수단을 관찰할 것이다. 이러한 소통 수단은 그 자체로는 아무 능력도 없지만, 어떤 식으로 쓰이느냐에 따라 달라진다.

모든 삽 혹은 모든 나사돌리개는 미리 정해진 사용 목적이 있기는 하지만, 완전히 다른 의도로도 사용될 수 있다. 하지만 누군가 이 도구들을 목적에 맞지 않게 혹은 불쾌하게 사용한다는 이유만으로 그 도구들을 원칙적으로 문제 삼거나 거부할 수는 없다.

이러한 의미에서 의사소통의 도구 또한 보다 정확하게 살펴보는 것은 의미 있는 일이다. 힐러리 클린턴이 공개 토론에서 도널드 트럼프에게 제압당하면 나는 당연히 한편으로는 트럼프의 품성에 대해 험담할 수 있으며, 그의 정책 내용에 분개하고 그를 마치 구토제처럼 느낄 수 있다. 이렇게 하기는 아주 쉬운 일이며 사람들로부터 빠른 박수갈채를 받게 해 준다. 다른 한편으로는 지성인으로서 내 일을 할 수도 있다. 즉 트럼프가 어떤 기교와 수단을 이용하여 강력한 근거를 가진 힐러리를 성공적으로 제압하고 무기력하게 만드는지를 자세한 디테일까지 살펴보는 것이다. 말하자면 그와 같은 비호감형 인간에게서도 기교면에서 무언가를 배울 수 있기 때문이다. 인도주의적으로 표현하자면, '분노도 편견도 없이' 말이다.

우리가 무지한 자들의 수사학적 기법에 대적할 기회를 얻고자 한다면 그들의 행동 양식을 해독하려고 노력해야 한다. 즉 소통에 필요한 도구들을 사용하는 기교적 완벽함, 우리가 학교와 대학에서 배운, 하지만 막대한 효력을 가질 수 있는 모든 규칙들을 잘 살펴봐야 한다. 이때 논거는 아주 미미한 비중을 차지한다. 훌륭한 옛 논술문에서 제시하는 정반합의 기준들? 현실적으로는 진부한 기준들이다. 이러한 기준들은 큰 육체적 소모 없이 무미건조하고 객관적으로 읊어대는 시대착오적인 내용일 뿐이다. 무지한 자는 이 모든 것을 무시하고 완전히 다르게 행동한다. 그리고 이를 통해 꽤 성공한다.

이때 무지한 자들은 여러 형태를 취하며 등장한다. 이를테면 당의 그래픽 디자인(선거용 포스터)이나 기업의 그래픽 디자인(광고 수단)에서, 영화(유튜브와 인플루언서들의 인사), 그리고 당연히 글로 된 문서에서도 확인할 수 있다. 우리는 이 책에서 무지한 자들의 전술을 직접적으로 대면하려고 한다. 그들이 실생활에서 생생하게, 극적으로, 그리고 다소 공개적으로 모습을 드러내는 곳에서 말이다. 무지한 자는 오늘날 바로 이곳에서 화려하게 등장한다. 현시대의 예술 형태 범위 안에서 위치를 정하자면 이른바 '퍼포먼스' 정도로 볼 수 있겠다.

정치인 혹은 공인들의 공개된 삶을 생각해 보면 가장 쉽게 이해할 수 있다. 그들의 모습은 종종 이상할 정도로 인위적이며 반복적인 패턴과 상징적인 도구(흔히 정확한 각본에 따라)가 끊임없이 등장한다. 어떤 국가 수장은 다른 국가를 방문할 때 이미 환영 인사 때부터 계획적으로 격하된다. 여성 총리는 의도적인 멸시 행위를 자주 겪은 탓에 이에 강인한 면역력을 가지고 있다. 어떤 당은 의회 윤리를 무력하게 만들고 감독 기구를 거부한다. 이와 비슷한 일들이 수많은 기업과 조직 내에서 일상적으로 비일비재하게 일어나고 있다. 이곳에서도 보여 주기

식 행동이 전부인 경우가 많으며 합리적인 논거는 정말 안타깝게도 아무런 효력을 갖지 못한다.

무기력은 이제 그만

잘 생각해 보면 무지한 자들과 대적하는 것은 결과적으로 민주주의의 미래를 위해 큰 의미를 갖기도 한다. 지금까지 적어도 독일에서는 민주주의자들의 논쟁이 주로 '형식에 맞춰 사안을 엄중하게 다룬다'는 원칙에 따라 이루어졌다. 그런데 '독일을 위한 대안(AfD)'당(독일의 우익대중주의 정당-옮긴이)이 의회로 진입하면서부터 독일 의회 역시 다방면에서 트럼프 수준에 이르게 되었다. 오스트리아 자유당(FPÖ)(오스트리아의 우익 보수 정당-옮긴이)이나 스위스 인민당(SVP)(스위스의 극우 정당-옮긴이)은 말할 것도 없다. 그들의 정치적 출연에 언제나 논증적으로만 대응해봤자(이를테면《우파와의 대화》에 나오는 지침에 따라) 그러한 사람들을 멈추게 하지 못한다.

　대부분의 권력 문제는 소란스럽지 않고 잡음 없이 그리고 종종 익명으로 결정되기는 한다. 하지만 권력 메커니즘이 대중의 관심 대상이 되는 상황, 더 이상 무시할 수 없는 그런 상황들도 있다. 우리가 평소에 간과하던 진실들이 괴로울 만큼 명확하게 드러나는 시간들. 그렇게 되면 우리는 인간의 소통이 어떻게 기능하는지에 대해 더 많이 경험하고 더 많이 이해하는 기회를 얻는다. 그렇기 때문에 우리는 아주 정확하고 자세하게 경청하고 바라보아야 한다. 비록 우리 눈앞에 보이는 것이 마음에 들지 않는다고 해도 말이다.

2016년 세 차례에 걸쳐 진행되었던 힐러리 클린턴과 도널드 트럼프의 대선 토론을 보면 이를 명확하게 알 수 있다.

수백만 명의 시청자들 앞에서 진행된 토론은 언젠가 그 의미가 사라질 그런 일시적인 사건이 아니었다. 토론의 의미는 지금까지 계속되고 있다. 그 이유는 바로 이 토론에서 단순히 미국의 대선 선거전을 훨씬 뛰어넘는 하나의 패러다임, 즉 일종의 교육적 사례를 다루고 있기 때문이다. 이 사례에서 바로 무지한 자들의 전술이 숨 막힐 정도로 명확하게 드러난다. 이러한 전술은 '무지한 자들의 기교'라고 말할 수 있을 것이다.

유럽인들은 공포와 은밀한 매혹이라는 혼합된 감정을 느끼며 미국에서 전개되는 상황을 보면서 자신들은 그렇게 되지 않기를 간절히 희망했지만, 결국 몇 년 후 정말로 독일에서도 미국과 같은 상황이 벌어졌다. 3차에 걸친 힐러리 클린턴과 도널드 트럼프의 획기적인 TV 토론은 소통 세계의 충돌을 보여 주었으며, 이는 많은 독일 사람들이 품었던 삶의 환상들을 파괴했다.

클린턴과 트럼프의 TV 토론이 끝난 후에 클린턴은 미국의 좌파 민주주의 성향의 언론에서 여전히 논증의 승자로 칭송되었다. 3차에 걸친 TV 토론을 매우 유심히 관찰하고, 특히 극적인 장면들을 잘 살펴보면 클린턴이 실제로 트럼프의 태도 앞에서 얼마나 빈번하게 좌초되었는지를 분명하게 인식할 수 있다. 타당한 근거를 제시하는 소통을 지향하는 사람들이 칭찬하던 클린턴의 웅변술은 적수 앞에서는 아무 쓸모가 없었다. 적수 트럼프는 클린턴이 기대했던 게임에 동참하지 않았다. 결국 결정적인 장면들에서 클린턴은 속수무책으로 당하고 말았다.

이 책에서는 바로 이러한 메커니즘과 그것이 낳는 속수무책에 대해 다룬다. 무지한 자들의 기교가 최고의 상태에 도달하면 상대의 기를 완전히 꺾는 효력을 갖는다. 이러한 일은 미국에만 또는 정치 일선에만 제한되어 있지 않다. 클린턴과 트럼프의 충돌 사례에서 보이는 이러한 사실이 독일에서는 오로지 분노와 도덕적 자만 속에 가려져 있다. 하지만 바로 이러한 일이 규모만 축소되었을 뿐 독일에서도 똑같이 일상적으로 벌어지고 있다. 다만 TV 카메라가 꺼져 있을 뿐이다.

정확히 말하자면 대통령의 임기, 또는 한 개인이 일시적으로 얻은 권력을 실제로 얼마나 오랫동안 유지하느냐는 문제가 아니다. 오히려 문제가 되는 것은 이를테면 여성 부장으로서 직장에서 살아남는 것 혹은 직원의 연봉 협상이나 임의의 해고에 맞서 저항하는 것, 다른 모든 사람들 앞에서 비열한 상사와 맞서 싸우는 것 등이다. 또한 (이와 유사한 구조를 따르는) 성적 침해도 문제가 될 수 있다.

당사자들에게 이러한 상황은 트라우마까지 되지는 않더라도 거대한 TV 무대에서 이루어지는 상황과 똑같이 극적인 영향을 미친다. 직장에서 이러한 충돌을 만드는 규칙들은 클린턴과 트럼프의 충돌에서 보인 규칙들과 다르지 않다. 그 해결책 또한 다르지 않다. 즉 당사자들도 무지한 자들이 사용한 전술을 사용하는 것이 해결책이 될 수 있다. 말하자면 양쪽 모두 무지한 자들의 전술을 사용하는 것이다.

나는 그러한 논쟁에서 어떤 메커니즘이 (아무리 논거가 강력하더라도) 무기력과 패배로 이어질 수 있는지를 이 책에서 살펴보려고 한다. 또한 이러한 메커니즘이―강한 논거를 가진 사람이 결국 성공할 수 있도록―어떻게 방향을 바꿔야 하는지도 알아볼 것이다.

1장에서는 지위와 영역의 의미를 살펴보면서 서로 매우 다른 두 개의 소통 시스템을 소개할 것이다. 2장과 3장에서는 이러한 시스템을 트럼프와 클린턴의 격돌을 비롯해 이와 유사한 많은 대립과 연관 지어 살펴볼 것이다. 4장에서는 이미 클린턴의 사전준비 작업이 어떤 잘못된 전제에서 출발했는지를 살펴볼 것이다. 5장에서는 앙겔라 메르켈, 올라프 숄츠, 호르스트 제호퍼, '독일을 위한 대안'당이 주의회에서 보인 행태 등 독일어권 영역에서의 많은 유사 사례들을 살펴볼 것이다.

6장에서는 독일의 한 기관이 보여주는 본보기적 사례를 고찰할 것이다. 이 사례에서 나는 실제에 적용할 수 있는 해결방안을 설명할 것이다. 7장에서는 수많은 행위의 속성을 이미 초기 단계에서 인식할 수 있는 진단 도구들을 소개할 것이다. 8장에서는 우리가 갈피를 잡을 수 없는 공격을 받을 때 무엇을 할 수 있는지에 대해 다룰 것이다. 9장에서는 자신들의 편협함으로 말미암아 침해 행동을 하는 진행자들에 대해 알아볼 것이다. 10장에서는 교착 상태에서 수확이 생겨날 수 있다는 사실을 살펴볼 것이다. 11장에서는 상대를 단순한 문구로 제압하는 적수에 대해 알아볼 것이다. 12장에서는 만성적인 거짓말꾼을 다룰 것이다. 마지막 13장에서는—강력한 논거를 펼치는 사람이 패배하는 것을 막기 위해—무지한 자들의 전술을 응용하는 10가지 확실한 규칙들을 소개할 것이다.

또한 나는 이 책이 해낼 수 없는 것에 대해서도 솔직하게 말하려고 한다. 이 책은 대중 영합주의 퇴치를 위한 교과서가 아니다. 또한 정치적 전략을 완성하고 있지도 않다. 트롤에도, 트위트에도 큰 관심을 두지 않는다. 또한 대중 영합주의 성향의 집단들이 선거에서 성공을 거둘 수 있는 원인들을 분석하지도 않는다. 말 많은 정부 수뇌들을 면직할 수도 없다. 이 책의 관심사는 보다 소박하다. 즉 이 책을 읽는 독자들이 무지한 자들을 직접적으로 대면할 때 어떤 도구를 이용하여 대처할 수 있는지를 보여주려는 것이다. 바로 이러한 해답을 이 책에서 발견할 수 있을 것이다.

몇 가지 소소한 기술적인 사항을 더 말하자면, 잘 알려진 저명한 정치인들이나 인용문의 저자들의 이름을 제외하고 이 책에 등장하는 이름들은 고안된 것이며, 유사성이 있다면 순전히 우연에 따른 것이다. 이 책에서 사용된 영어 원서의 인용문들은 내가 직접 번역했다.

이 책을 펴내기까지 아낌없이 수고한 안네 코터러와 에케하르트 폴만에게 감사를 드린다.

아몰테른에서, 2019년 봄에

페터 모들러

1

———

무대장치의 의도

혹은 :

무대장치는 어떻게
정치적 영향력을 발휘하는가?

공간적 신호

몇 년 전 내가 어느 기업 최고경영진으로부터 미팅에 초대받았을 때 영락없는 전형적인 장면을 경험했다. 나는 빌딩 로비의 리셉션에서 방문 등록을 했다. 로비에서는 많은 일들이 펼쳐지고 있었다. 사람들은 이리저리 걸으면서 스마트폰으로 크게 말하거나 대화를 나누고, 리셉션에도 몇몇 사람들이 모여들어 짧은 대기줄이 생겨났다. 모든 것이 분주해 보였다. 나는 맨 위쪽에 녹색불이 들어올 때까지 일단 기다려야 했다. 방문증을 받아 눈에 잘 보이도록 목에 걸고는 승강기를 타고 몇 층을 올라갔다.

승강기에서 내리자 적막한 세계가 내 앞에 나타났다. 두꺼운 카펫이 깔린 바닥. 사방이 고요했다. 세련된 차림의 한 여직원이 나에게 다가와 나를 구석 쪽으로 안내했다. 그녀는 상냥하게 웃으면서 나를 데리고 갈 사람이 올 때까지 잠깐 자리에 앉아 있으라고 부탁했다. 그녀는 내게 카푸치노를 마시겠냐고 물어보았지만 나는 괜찮다고 했다. 그리고 그녀는 사라졌다. 나는 대기실의 가구를 유심히 관찰했다. 족히 6미터에서 8미터는 되어 보이는, 가죽과 메탈 소재의 디자이너 소파. 소파 주위를 둘러싸고 있는 유리 창문을 통해 시내가 내다보였다. 소파가 놓인 이 공간의 분위기는 조금도 과장하지 않고 무척이나 광활했다.

경영진 사람들과 이야기를 나누기도 전에 이미 나는 대기하는 시간 내내 나 자신과 대화를 했다. 물론 말을 통해서가 아니라 공간적으로 말이다. 나는 소파에 실험 삼아 앉아보았다. 하지만 곧바로 다시 일어났다. 이곳의 인테리어가 내게 어떤 인상을 주려고 하는지가 너무나도 분명했다. '네가 초라해지는 것 같지? 우리도 그런 네 모습이 보여. 그런 너의 초라한 감정이 아주 마음에 들어.'

대부분의 경우 권력의 메시지는 언어를 통해 명시적으로 표출되기 한참 전에 이미 공간적인 연출을 통해 명확하게 드러난다. 그러면 사람들은 그 속에서 스스로 초라함을 느끼거나 처음부터 반감을 갖고 내면적으로 무장하게 된다. 소위 이러한 무대장식은 보통 쌍방이 아닌, 일방의 이해관계만을 거들 뿐이다. 어쩌면 그러한 장치는 상대의 지위를 명백하게 알려주는 일종의 경고 신호가 되어주기 때문에 고마워할 필요도 있다.

그럼에도 이러한 공간적 신호를 종종 과소평가하는 사람들이 있는데, 바로 무지한 사람들이 그렇다. 다음의 사례에서처럼 말이다. 한 여교수가 위압적인 학과장의 방에 들어가 시트가 깊숙한 소파에 얌전히 앉는다. 그런데 그녀는 소파에 똑바로 앉아 있을 수가 없다. 횡경막이 쬘 정도로 구부정하게 앉는다. 어떤 공간에 처음으로 들어설 때에는 이런 일이 종종 발생할 수 있다. 그런데 여교수는 학과장의 방에서 회의를 할 때마다 숨을 제대로 쉬지 못한다는 느낌을 받는다(횡경막이 눌려 있으니 그리 놀랄 일도 아니다). 그런데 왜 그녀는 하필 이 불쾌한 소파에 매번 자발적으로 앉는 것일까? 학과장은 몇 년 전에 실험 설정을 위해 이 소파를 비치했고, 모든 결과가 예측대로 진행되는 것에 가끔씩 깜짝 놀라곤 한다. 물론 그조차 이 소파가 아닌 다른 곳에 앉는다.

바로 이러한 공간 연출이 본인의 이해관계에 어떻게 이용되는지를 보여주는 또 다른 사례들도 있다. 이를테면 내 사무실에 자주 찾아오는 동료는 손님용 의자를 독차지하고 내 시간을 빼앗으면서 잔뜩 이야기를 늘어놓는다. 어느 날 내가 손님용 의자에 온갖 책과 서류들을 가득 올려놓자 그는 더 이상 그 의자에 앉지 못하게 되었다. 또한 수장의 맞은편 자리이자 프레젠테이션 장비와 가까운 자리는 회의에서 정치적으로 매우 중요한 자리다. 나는 회의가 시작되기 한참 전에 그 자리의 의자 등받이에 내 외투를 걸쳐놓는다. 이는 '여기는 내 자리다'라는 것을 여지없이 확실하게 보여주는 신호다. 나의 동료들도 다들 이 자리에 앉고 싶었겠지만, 이미 내가 이 자리를 차지함으로

써 이 공간에서의 내 영향력은 확대되었다.

거대한 정치판도 마찬가지로 이러한 무대장치와 함께 작용한다. 임기 말기의 버락 오바마 대통령이 새로 선출된 캐나다 총리 쥐스탱 트뤼도를 처음으로 영접하는 모습이 담긴 특별한 사진이 있다. 오바마는 영부인 미셸과 함께 웅장한 계단의 맨 위에 서 있다. 두 사람은 자신들을 향해 다가오는 캐나다 총리 내외를 향해 다정하게 웃으며 손을 내밀어 환영하고 있다. 캐나다 총리와 그의 아내도 웃음으로 화답하고 마찬가지로 손을 뻗어 인사를 하고 있다. 하지만 그들은 한 계단 아래에 서 있다. 오바마 대통령 내외는 온갖 다정한 표정을 지으면서도 자신들이 서 있는 계단으로 트뤼도 총리 내외를 올라오라고 하는 어떠한 기색도 내지 않는다. 오바마와 미셸이 한 계단 아래로 내려왔다면 그들은 같은 계단에서 인사를 할 수 있었을 것이다. 하지만 오바마와 미셸은 그렇게 하지 않았다. 눈높이는 고의적인 것은 아니었지만, 그들의 첫 인사는 바로 이렇게 뚜렷하게 차이 나는 높이에서 이루어졌다. 여기서 보이는 분명한 공간적 메시지는 당신들이 우리보다 한 계단 아래에 서 있다는 것이다. 다정하게 웃고 있지만 말이다.

때로는 이러한 공간적 메시지가 숨김없이 아주 명확하게 드러나기도 한다. 이를테면 2015년 우크라이나 회담을 예로 들 수 있다. 당시 독일의 메르켈 총리는 푸틴 러시아 대통령을 먼저 만나고 있었고, 프랑스 대통령 올랑드는 조금 늦게 왔다. 그런데 크렘린 궁의 테이블은 오로지 2명을 위해서만 차려져 있었다. 아, 당신도 오셨군요, 프랑수아? 그렇게 미묘하게 생각할 일은 아니다.

이는 국가 정상들이 만날 때 일어날 수 있는 일이다. 무지한 자들은 다소 교활하거나 유치한 모습을 보여주는 경우가 종종 있다. 이는 도시나 시골을 막론하고 거의 모든 일상에서 똑같이 일어난다. 이를 딱히 눈여겨보지 않더라도 항상 동일한 논리가 작용하며 특별히 독창적이지도 않다. 이를테면 한 목축업자가 자신의 목장에서 여자 수의사를 처음 만날 때 목장 한 가운데에서 힘껏 다리를 벌리고 서 있다. 여자 수의사가 차를 타고 목장으로 다가오는 동안 그는 그 자리에 그대로 서서 아무 말 없이 그녀를 뚫어지듯 응시한다. 여자 수의사가 차에서 내려서 그가 있는 쪽으로 다가와도 그저 그녀의 움직임을 바라볼 뿐 한 발짝도 그녀를 향해 움직이지 않는다. 여자 수의사가 그의 바로 앞에 서자 그는 그녀를 향해 손을 뻗는다. 손을 내밀 뿐 다가가지는 않는다. 그는 자신의 영역에서 본인의 영향력이 얼마나 막대한지를 그저 보여주려고 했기 때문이다.

지그문트 프로이트 역시 영역에 대한 이해관계를 따른 사람중 하나다. 빈에는 과거의 그의 병원 공간들이 아주 똑같이 재현되어 있다. 오늘날 이곳에 들어서면 마치 금방이라도 프로이트가 모퉁이에서 나올 것 같은 느낌을 받는다.

프로이트는 자신의 큰 병원의 여러 공간들을 정돈하고 가구를 배치할 때 결코 우연에 맡기지 않았다. 베르크가쎄 19번지의 '진료대기실'은 고풍스러운 가구로 가득했고, 벽에는 프로이트가 수많은 여행을 통해 수집한 고고학적 예술품이 빙 둘러 놓여 있었다. 고대의 신상들, 그리스와 이집트의 조각품들, 고대 로마의 화병들 등. 이 대기실에서 잠깐 동안 프로이트 교수를 기다렸던 사람이라면 자신이 지적으로 프로이트를 결코 따라갈 수 없다는 사실을 확실히 알았을 것이다. 말하자면 이 공간은 이러한 사실을 깨닫게 해 주는 서곡으로 충분한 장소였다.

대기실에서 진료실로 자리를 옮기면 어두컴컴한 공간에 들어서게 된다. 진료실은 고급 비단 소재의 육중한 커튼이 밖에서 들어오는 햇빛을 차단하고 있었다. 프로이트는 지독한 애연가였기 때문에 그 당시에 이 공간은 분명 안개로 자욱했었을 것이다. 한쪽 벽에는 환자들이 누워 몸을 쭉 뻗었던, 프로이트의 유명한 소파가 놓여 있었다. 그리고 소파 머리맡에서 약 1미터 뒤에는 프로이트의 안락의자가 있었다. 프로이트는 치료받는 환자의 뒤편에 놓인 이 의자에 앉아 담배 연기를 내뿜으며 무릎 위에 올린 노트에 메모를 했다. 소파에 누운 환자는 치료를 받는 동안에는 프로이트를 결코 쳐다볼 수 없었으며, 그저 간간이 그의 목소리만 들을 수 있었다. 물론 프로이트는 진료를 받는 환자에게 무엇보다도 정신분석적 내용을 말했을 것이다. 하지만 프로이트와 같은 사람이라면 진료실이라는 이 공간에서 누가 통제권을 가지고 있는지를 일단 확실하게 알리려고 했을 것이다.

두 개의 시스템

무대가 설치될 때에는 보통 감독들이 고안한 여러 제약 조건들이 붙여진다. 그리고 많은 사람들은 이러한 무대장치를 보며 영문 모를 불쾌감이나 압도된 듯한 느낌을 받는다. 최악의 경우에는 자신에게 무슨 일이 일어나는지 이해하지 못한 채 이리저리 등 떠밀리다시피 움직이는 단역배우가 된 듯하다. 원래 이들은 자기 앞에 닥친 상황에 대해 충분한 교양과 해박한 정보를 갖추고 있고 자신들의 눈높이에 맞춰 생각하는 사람들이었다. 그런데 어떻게 된 일인지 돌아가는 상황을 제대로 꿰뚫어보지 못하고 그렇게 몰락하고 말았다.

이러한 상황을 특히 즐기는, 그것도 성공적으로 즐기는 사람들이 있다. 바로 이 책에서 우리가 '무지한 사람들'이라고 분류한 사람들이다. 이 책에서 말하는 '무지한 사람들'이란 논쟁을 할 때 의도적으로 특정한 목적을 품고 합당한 말 대신 다른 소통 수단, 이를테면 공간적 연출 등에 의존하는 사람들을 의미한다. 다시 말해 자신의 영역에 대한 사전 작업을 충분히 해 놓음으로써 사후의 논증에 소모되는 노고를 줄이겠다는 것이다.

　우리 모두가 동일한 언어로 말하지 않는다는 것은 전혀 진부한 사실이 아니다. 다시 말해 실제로 많은 사람들은 기본적으로 우리가 이 지구상에서 동일한 소통 신호체계를 갖고 있다고 생각한다. 하지만 이것은 착각이다. 미국의 사회언어학자 데보라 태년은 이미 수십 년 전에 완전히 서로 다른 두 개의 언어학적 시스템이라는 획기적인 발견을 했다. 즉 하나는 수직적이고 위계적인 소통 구조이며, 다른 하나는 수평적 소통 구조이다. 이에 대해 좀 더 자세히 알아보려고 한다.

　수직적이고 위계적인 소통 시스템에서는 앞서 언급한 공간적 메시지가 어느 정도 큰 비중을 차지한다. 공간과의 관계—태년은 이를 '영역Territory'이라고 표현한다—는 이 시스템에서 줄곧 지위 문제와 관련이 있다. 그러므로 영역을 확실하게 만드는 일은 매우 중요하다.

또한 지위를 명확하게 밝히는 것도 이 시스템에서 매우 큰 영향력을 지닌다. 어쩌면 영역을 알리는 신호는 이러한 지위 이해관계의 기능 중 하나에 불과할 것이다. 특히 이 시스템에서는 의사소통을 시작하는 초기에 직접적으로 이해관계가 대립될 경우, 상호 간에 직업적 혹은 정치적 지위가 명확해지지 않는 한 모든 생산적인 해결책이 거부된다. 태넌은 지위와 영역이라는 이러한 두 축에 의해 지배되는 소통 시스템을 '수직적'이라고 표현했다. 수직적 소통 시스템에서는 일반적으로 여성보다 남성이 주로 활동하지만 그렇다고 전적으로 그런 것은 아니다.

수직적으로 소통하는 사람들은 지위와 영역이라는 두 축 없이는 대부분 제대로 소통하지 못한다. 그렇다고 그들이 결코 악의적인 의지를 갖고 있는 것은 아니다. 다만 그들에게는 '나는 저 밖에 나에게 익숙한 방식과는 완전히 다르게 말하고 이해하는 사람들이 있다는 것을 전혀 상상할 수가 없다.'는 순진한 생각이 만연되어 있다.

반면 태넌이 기술한 두 번째 소통 시스템, 즉 수평적 소통 시스템에서는 지위와 영역이라는 두 축이 아무런 작용을 하지 않는다. 그 대신 이 시스템에서는 내용적 논증과 연대감이라는 메시지가 중요하다. 이 시스템은 평등함의 속성을 가지고 있다. 우리가 이야기하는 주제에 집중해서 말하자면, 이 시스템의 사람들은 공간성 대신 오로지 기능적 이해관계만을 지니고 있다. 그들에게는 어디에서 대화를 하는지는 상관없다. 중요한 문제는 대화 자체를 할 수 있다는 사실이다. 이러한 영역 내에서 어떻게 행동하는지도 그들에게는 중요하지 않다. 중요한 것은 언어적 대화의 수준이 충분히 높다는 사실이다. 이 시스템은 사안 자체에 대해 매우 신속하게 다루며, 영역 문제는 전혀 중요하지 않다. 태넌은 이 두 번째 시스템을 '수평적'이라고 부른다. 수평적 시스템에서는 남성보다는 여성이 주를 이루지만, 마찬가지로 전적으로 그렇지는 않다.

좀 더 명확하게 말하자면, 이 두 시스템은 각각 강점과 약점을 지니고 있다. 두 시스템 모두 균형적으로 작용할 경우 매우 생산적으로 서로를 보완할 수 있다. 하지만 양측이 각각 이 세상의 유일한 시스템으로 존재하기를 고집한다면, 다시 말해 이 세상이 하나의 시스템에만 익숙하게 된다면 생산적인 의사소통은 제대로 기능할 수 없게 되며, 양측은 각각 상대 시스템을 무지하다고 간주한다.

영역에 집착하는 사람들과 논증에 집착하는 사람들이 만나면 상황이 심각해지는 것은 불을 보듯 뻔하다. 예를 들어 힐러리 클린턴이 도널드 트럼프와 맞서거나 앙겔라 메르켈과 호르스트 제호퍼가 맞설 때처럼 말이다. 수직적 시스템의 사람들은 어릴 때부터 과감한 공격을 단련하며, 이러한 공격은 인신공격이라기보다는 장난기에 가까운 경우가 많다. 이와 같은 위계적 세계에서 언어는 지위를 알리는 메시지의 교환 수단으로서 가장 먼저 작용하고, 그다음에 내용과 관련된 수단으로서 이해된다.

단계적 심화

이해관계가 완전히 상충될 경우 수직적 언어적 시스템은 세 단계에 걸쳐 심화된다. 첫 번째 단계에서는 실제로 논거에 집중하고(적어도 형식적으로) 격렬한 논쟁이더라도 어느 정도 객관적으로 접근한다. 이 단계에서는 내용적인 경쟁이 벌어지지만, 아직까지는 상대에게 의도적으로 상처를 주지 않는다. 또한 교양 있는 논쟁의 신성한 전통이 여전히 큰 비중을 차지한다. 해당 주제에 대해 상대보다 뛰어난 전문 지식과 정보를 가진 사람이 이 단계에서 많은 점수를 차지한다. 또한 권위 있는 이름과 정보, 사상들이 높이 평가되고 인정받는다. 아이러니 역시 이 단계에서 큰 비중을 차지한다(이 다음 단계부터는 더 이상 그렇지 않다!). 이 단계를 이른바 **하이 토크**^{High Talk}라고 부른다. 하이 토크에서는 언어적으로 접근하며 지성적인 속성을 갖는다. 지성인들이라면 당연히 공감하는 이 단계는 수직적 시스템의 대화 상대와 이해관계가 충돌할 경우 유감스럽게도 아무런 효력을 발휘하지 못한다. 내용에 강하게 집착하며 수평적으로 소통하는 사람들의 입장에서는 하이 토크 단계가 유일하게 타당하다고 간주한다. 힐러리 클린턴은 이 사실을 예시적으로 보여주었다.

수많은 미팅에서 뛰어난 전문 지식을 갖추고 수평적으로 소통하는 사람들은 하이 토크 단계에서 수직적 경쟁자들로부터 공격을 당하는 경우가 비교적 드물다. 해당 사안에 대해 전문적으로 정통하고 있기 때문에 그들을 공격하기는 어려울 것이다. 그렇게 되면 다음 단계로 고조되는데, 이 단계에서는 전통적인 논쟁이 거의 아무런 역할을 하지 못한다. 바로 이 지점에서부터 무지한 자들의 왕국이 시작된다. 이 왕국은 그 특유의 경쟁 방식과 그에 걸맞은 전형적인 무기를 가지고 있으며, 가끔은 기이한 구경거리들을 보여준다.

이 단계에서의 대화는 여전히 말을 통해서 이루어지기는 하지만 더 이상 긴 문장들은 나타나지 않는다. 이를테면 주어와 동사, 목적어가 전부다. 관계문장도, 논증의 연결고리도 없다.

다시 말해 짧고 간단한 문장들이 주를 이룬다. 이러한 문장들을 수단으로 순식간에 인신공격을 하게 되고 상대에게 상처를 주며, 성차별적이고 모욕적인 언사가 이루어진다. 이 단계에서 전문 지식은 더 이상 아무런 의미를 지니지 못한다. 예를 들어 뮐러 부장(여)이 훌륭한 보고서를 작성하여 요점을 콕콕 짚어서 발표한다. 그녀보다 전문적인 능력이 확실히 떨어지는 그녀의 경쟁자 마이어 부장(남)은 말 몇 마디로 그녀의 발표를 중단시킨다. '당신도 그렇게 생각하지 않잖아요.', '디테일이 너무 많아요.' 혹은 '당신은 평소에는 참 좋은 사람인데 말이죠!' 이러한 말은 뮐러 부장이 말하는 객관적인 내용을 아주 확실하게 무산시킬 수 있다. 참으로 무지한 사람이 펼치는 전략이 아닌가? 정말 그렇다.

이러한 방식의 말하기에서는 반복이라는 전술이 지속적으로 투입된다. 질문에 대해서는 내용적으로 합당한 대답이 아닌 완전히 다른 것을 이야기한다. 이러한 수직적 의사소통 단계를 **베이직 토크**Basic Talk라고 한다. 베이직 토크 단계에서는 말을 통한 대화가 이루어지기는 하지만 결코(그리고 다분히 의도적으로) 지성적이지 않다. 간단한 말이지만 오로지 하이 토크에만 정통한 상대를 무산시키기에 충분한 효력을 가질 수 있다. 트럼프 대통령이 주요 20개국(G20) 정상회의 후에 메모지에 어떤 요약 내용을 기록했는가? 밥 우드워드가 이 메모지를 발견했는데, 거기에는 아주 간략하게 다음과 같이 적혀 있었다. "무역이 형편없다." 이 한 문장이 전부였다. 이는 정부의 베이직 토크 프로그램이라 할 수 있다.

이미 베이직 토크로 상대에게 고통을 줄 수 있으나 이 단계는 아직 수직적 시스템에서 가장 고조된 형태는 아니다.

영향력이 가장 큰 마지막 단계에서는 언어적 말하기가 사라진다. 이는 '공격aggression'이라는 단어에서 이미 알 수 있다. 이 단어의 기본이 되는 동사 'ag-gredi'가 어원상 공간적으로 앞으로 다가가는 것을 의미한다. 간격이 어느 정도 줄어들면 바로 그것이 '공격ag-gressio'이 된다. 물론 사람들 사이의 간격도 참을 수 없을 정도로 가까워지면 그것이 무엇을 뜻하는지 순식간에 명확해진다. 즉 누군가 특정한 의도로 이 공간을 장악한다는 것이다. 이 단계를 **무브 토크**Move Talk라고 부른다. 이 단계는 수직적인 소통 시스템에서 가장 고조된 형태다. 수직적으로 소통하는 사람들은 무브 토크를 꾸준히 반복적으로 사용한다. 이미 첫 인사를 하는 시점에서 손이나 팔을 어떻게 움직이는지, 어떤 보폭으로 걸어오는지, 어느 지점에서 정지하는지 등은 결정적인 의미를 지닌다. 적절한 무브 토크는 이미 만남의 시작 단계에서 누가 주도권을 가질지, 누구의 말이 반복적으로 차단

될지를 결정한다. 무브 토크는 단 한마디의 말도 필요 없다!

또한 무브 토크는 단순한 '비언어적' 행동 그 이상이다. 우리는 '언어적'이라는 것이 의사소통의 유일한 합법적 지침이라고 믿는 실수를 하지 말아야 한다. 언어적 소통이 중단되면 빈틈이 생겨나게 되고, 이 빈틈을 '비언어적'인 것이 채우게 되는데, 우리는 이를 일종의 결함이라고 생각한다. 하지만 무브 토크는 결함이 아니다. 오히려 독자적인 언어적 요소로서 당사자는 이를 통해 자신의 인간적인 면모를 의도적으로 드러낼 수 있다. 이는 아주 작은 움직임으로도 가능하며, 필요할 경우 눈에 확 띄는 격렬한 범위까지 확대할 수 있다.

그런데 지성적이고 학식 있는 사람들은 무브 토크의 중요성을 늘 눈여겨보지 않는다. 이미 학교와 대학을 다닐 때부터 실제로 그들의 의사소통은 오로지 하이 토크에 국한되어 있다. 이는 하이 토크가 유일하게 의미 있는 의사소통의 형태라는 환상을 낳게 한다. 하이 토크는 이성적인 근거들을 감정적 동요 없이 교환하는 것이며, 마지막에는 객관적인 사실에 이를 뿐이다! 또한 객관적으로 야기된 합의에 대한 안도감 같은 것을 제공한다! 유익한 토론은 상대에게도 권한을 허용해야만 작동한다는 사실을 우리는 모두 배우지 않았는가? 의사소통의 이러한 기본 가정들이 현실에서 수정되어야 한다면 그것은 쓰라린 경험이 될 수 있다.

다시 한 번 분명히 말하자면, 무엇보다도 수직적 시스템에서는 대놓고 드러내는 무지함이 통상적인 도구에 속한다. 이러한 무지함은 통례적인 지위 및 영역 게임과 부합한다. 수평적 시스템에서도 무지한 소통 방식이 있기는 하지만, 이는 주로 남녀 관계에서 나타난다. 이를테면 '나의 호감이 이제 너에게서 벗어나는 것 같아. 너도 이 사실을 이미 알 텐데.' 수평적 시스템에서 무지함은 간접적으로, 그리고 눈에 띄지 않게 작용한다.

하지만 수직적 시스템에서 무지함은 직접적으로, 가능한 한 공공연하게 작용한다. 이 책에서 우리는 바로 이러한 점을 집중적으로 살펴보려고 한다. 무지함의 간접적 형태들은 대부분 공개적인 선전 효과가 없으며, 주로 사적인 의미를 갖고 있다.

수직적 시스템 안에서 논쟁은 세 단계에 걸쳐 고조된다. 즉 앞서 언급한 하이 토크와 베이직 토크, 무브 토크가 그것이다. 수평적으로 소통하는 사람들은 주로 하이 토크를 유일하게 참된 논쟁 형태라고 간주한다. 상대가 완전히 다른 차원으로 고조될 수 있다는 사실을 그들은 종종 알아차리지 못한다. 하이 토크 사용자들이 자신과 같은 무리들 속에서 장황하게 내용상의 논거를 내세우는 동안에 그들의 상대는—아주 능수능란하게—이미 베이직 토크와 무브 토크로 단계를 고조시킨다. 이는 종종 끔찍한 효력을 발생시키기도 한다. 이러한 상황에서는 각각 상대의 언어 시스템을 이해하지 못하는 오해를 낳을 수 있다. 두 시스템 중 어느 것도 그 자체로 옳거나 그르다고, 선하거나 악하다고 말할 수 없다.

그런데 우리는 두 시스템이 의식적으로 충돌하는 모습을 자주 경험한다. 이를테면 어느 한쪽이 자신에게 불리한 팩트 때문에 논거 면에서 열등하다는 사실을 정확히 알고 있다. 그래서 의도적으로 완전히 다른 의사소통 차원으로 피해간다. 이 과정에서—종종 성공에 대한 희망을 품고—무지한 자들의 기교가 나타난다. 이 상황에서 하이 토크 마니아들은 상대가 지금 무엇을 하고 있는지를 파악하기까지 상당히 오래 시간이 걸릴 수 있다. 아주 유명한 사례로 힐러리 클린턴과 도널드 트럼프의 선거전을 들 수 있다.

2

논거의 무기력

혹은 :
수준이 아무런 소용이 없다면

위태로운 하이 토크

뉴욕 롱아일랜드에 위치한 호프스트라대학 2016년 9월 26일, 첫 번째 대선 토론에서 화면과 모니터를 통해 시청자들이 가장 먼저 볼 수 있는 것은 전통적인 토론 무대다. 청중을 향해 열려진 넓은 반원. 이 반원 안에 좌우로 각각 약 10미터의 간격을 두고 연설대가 하나씩 놓여 있다. 각 연설대에서―청중들 쪽으로―약 6~7미터 떨어진 가운데 공간에는 진행자의 자리가 있다. 이는 무대 위에서 움직임이 거의 없는 정적인 배치다. 단독진행을 맡은 NBC 뉴스의 앵커 레스터 홀트가 공식적인 토론 규칙들을 소개한다. 6개 분야의 주제, 양측의 동일한 발언 시간, 토론 시간은 총 90분.

오른쪽에서는 힐러리가, 왼쪽에서는 트럼프가 동시에 무대에 오른다. 공화당의 트럼프는 살짝 찡그린 미소를 짓고 있고 민주당의 클린턴은 활짝 웃고 있다. 트럼프는 무대에 오르자마자 팔을 쭉 뻗어 클린턴을 향해 손을 내민다. 이때까지 클린턴은 여전히 트럼프에게서 몇 미터 정도 떨어져 있다. 그런데 그녀가 마침내 트럼프에게 가까이 다가가 그가 내민 손을 점잖게 잡는다. 이 광경을 보는 사람들은 마치 클린턴이 어쩐지 모르게 트럼프에게 조종되는 것처럼 느낀다. 긴장이 풀어진 듯이 보이는 둘의 악수가 이어진다. 클린턴은 카메라를 향해 계속 활짝 웃고 있다. 트럼프는 계속 그녀의 손을 잡고 있다. 게다가 다른 쪽 손도 그녀의 손에 올린다. 이때까지 청중들에게 한마디의 말도 들리지 않는다! 트럼프는 계속 그녀의 손을 통제하듯 잡고 있으면서 보란 듯이 다른 한 손으로 그녀의 손등을 쓰다듬는다. 조금 후 그녀는 손을 빼고 마침내 자신의 연설대로 가서 선다.

트럼프는 만족스럽다는 듯이 자신의 연설대로 어슬렁거리며 간다. 그는 자신이 첫 득점을 얻었다고 생각한다. 그는 말을 꺼내기도 전에 자신의 우세함을 물리적인 신호로 전달했다. 이렇게 하여 그의 항로가 미리 결정되었다.

본격적인 토론에서 클린턴은 논증적으로 탁월한 인상을 남겼다. 주제에 대해 고도로 집중하고 정보에 통달해 있으며 확신에 찬 모습을 보인다. 트럼프는 자신의 발언 차례를 기다린다. 그는 논거 면에서 클린턴을 따라가지 못한다. 하지만 처음부터 같은 진술을 자주 반복하는 모습이 눈에 띈다. 클린턴을 비방할 내용이 떠오르지 않을 때마다 그는 몇 분 전에 했던 말을 그저 계속 반복해서 말한다. 클린턴은 이에 아무런 반응을 보이지 않고 지속적으로 새로운 표현을 하려고 노력한다.

트럼프가 보다 길고 차별화된 진술을 한다면 말에서 점수를 딸 수도 있다. 클린턴이 미국의 금융 위기를 거론하면서 트럼프가 이로부터 개인적으로 얼마나 많은 이익을 얻었는지를 언급하며 트럼프를 질책한다. 그렇다면 트럼프는 이제 자신을 정당화하기 시작할까? 차별화된 논증으로 이러한 클린턴의 주장을 반박할까? 클린턴이라면 그렇게 했을 것이다. 하지만 트럼프는 그 대신 그저 이렇게 말할 뿐이다. "그런 걸 비즈니스라고 부르죠." 뻔뻔함은 아주 단순해야만 기능을 발휘한다. 딱 네 마디면 된다. 그러자 클린턴은 금융 위기 주제에 대해 더 이상 할 말이 떠오르지 않는다. 그녀는 말을 많이 하는 법은 알지만, 말을 적게 하는 법에 대해서는 잘 모른다.

클린턴 측에서는 아무도 사전에 공간적 디테일에 신경을 쓰지 않았다. 그런데 이것이 분명한 실수임이 드러났다. 말하자면 두 연설대의 높이가 문제였다. 두 연설대의 높이가 똑같던 것이다. 두 후보들의 키가 같았다면 연설대의 높이는 문제가 되지 않았을 것이다. 그런데 클린턴보다 훨씬 키가 큰 트럼프는 연설대의 높이 덕을 보았다. 클린턴은 토론 내내 연설대 뒤에 서서 간간이 연설대 위로 손을 올려놓았는데, 연설대의 측면 가장자리가 비교적 높아서 그녀의 손이 보이지 않았다. 반면 트럼프는 줄곧 연설대의 가장자리를 꽉 붙잡고 서 있었고, 사람들은 양손으로 연설대를 움켜잡고 있는 트럼프의 모습을 지속적으로 볼 수 있었다. 이러한 자세는 당사자가 해당 사안을 말 그대로 '움켜잡고' 있다는 인상을 무의식적으로 떠오르게 한다. 하지만 연설대가 클린턴에게는 너무 높았기 때문에 그녀는 순전히 기술적인 면에서 청중들을 크게 사로잡지 못했다. 클린턴은 왜 사전에 연설대 앞에 시험 삼아 서 보지 않았을까? 자만심에서? 아니면 소홀해서?

클린턴은 트럼프와 맞설 때마다 눈에 띨 정도로 직접적이고 짧아진 어법을 구사한다. 예를 들면 그녀가 청중에게 다음과 같이 단언할 때가 그렇다. "도널드는 기후 변화가 중국이 지어낸 것이라고 말합니다." 하지만 그녀의 이러한 어법은 오래 가지 못한다. 결국 베이직 토크의 대가는 트럼프임이 드러난다. 트럼프는 훨씬 더 짧게 말할 수 있기 때문이다. "전 그렇게 말한 적 없습니다." 클린턴이 그가 언제 그런 말을 했는지 얼마나 잘 알고 있는지를 입증해 보이려고 할 때 트럼프는 변명처럼 들릴 수 있는 어떤 디테일도 말하려고 하지 않는다. 이를테면 '당신이 오해하고 있는 겁니다. 저는 그런 뜻으로 말하지 않았습니다, 그러니까…' 라든가 '저는 이미 그것에 대해 제 입장을 표명했습니다.' 등의 말을 결코 하지 않는다. 그 대신 따분한 말을 계속 반복한다. "난 그렇게 말한 적 없습니다." 이 말이 거짓말일지라도 말이다.

클린턴은 이런 짧은 말과 뻔뻔한 반복에 아무 반박도 하지 않는다. 그럴 때면 그녀는 청중이나 카메라를 향해 웃음을 지으며 자신이 우세하다는 인상('저렇게 어리석다니. 그는 나보다 한참 한 수 아래야.')과 동조를 구하는 인상('여러분도 그의 말이 거짓이라는 것을 분명히 알고 있죠. 정말 우습지 않나요?')을 풍긴다. 하지만 현실에서는 그렇게 해 봤자 기술적으로 아무 효과가 없다.

지적 자만심

트럼프는 자신의 적수인 클린턴의 말을 서슴없이 끊어놓기 일쑤다. 그럴 경우 대체로 클린턴은 조소적인 웃음을 지으며 그의 말을 막거나 이러한 행위를 날카롭게 지적한다. 이와 같은 상황에서 진행자는 단 한 번도 끼어들지 않는다. 몇 차례 되지는 않지만 클린턴 역시 트럼프의 말을 끊는 경우가 있는데, 이때 그는 격분하며 서슴없이 항의한다. "미안하지만 잠깐만요!" 클린턴은 트럼프의 이러한 말을 곧바로 존중해 준다. '맞아요, 그러면 안 되는 줄 알지만. 양심의 가책이 느껴지는군요. 미안해요. 정말 미안합니다.' 트럼프에게 이와 같은 인간적인 동정은 토론 내내 보이지 않는다(심지어 그가 실제로 미안하다는 말을 할 때도 말이다). 진행자는 이 모든 과정을 허용한다.

클린턴은 이러한 식으로 항상 트럼프의 함정에 걸려든다. 트럼프는 그저 객관성이 결여된 짧은 말로 클린턴을 도발한다. 클린턴은 자신이 사실적 내용 면에서 우월하다는 점을 드러내는 것 외에는 할 수 있는 것이 없다. 트럼프는 베이직 토크의 힘을 잘 알고 있고, 클린턴은 하이 토크의 내용적 우세함을 고수한다. 트럼프가 북미자유무역협정(NAFTA)이 결함 있는 협정이라고 주장하며 비난하자 클린턴은 나프타에 대한 책임을 거부한다. 그러자 곧이어 트럼프는 그럼 그것이 오바마 대통령의 실수냐고 세 번(!)이나 연달아 묻는다. 클린턴은 이에 대한 대답으로 나프타의 찬반양론에 대한 정치적 분석을 장황하게 늘어놓는다. 결국 청중의 90퍼센트는 지루해한다. 옳은 말을 하는 것만으로는 부족하다!

어떤 도구가 아주 쓸모가 있다면 당연히 계속 사용하기 마련이다. 트럼프는 흔들림 없이 계속해서 베이직 토크를 이어간다. 예를 들면 "당신은 아무 계획이 없잖아요."와 같은 단순한 비난을 퍼붓는다. 그것도 한 번이 아니라 두 번이나 계속 반복하면서 말이다. 그러면 지성으로 무장한 클린턴은 이에 어떻게 대답하는가? "제가 쓴 책들을 보면 알 수 있을 겁니다." 맙소사!

클린턴이 매번 트럼프의 이러한 똑같은 공격 패턴에 제대로 응수하지 못하는 모습을 보면 거의 참을 수가 없다. 그녀는 이러한 식의 공격을 개의치 않는다. 물론 그녀와 그녀의 캠프가 '팩트 체커'라는 팩트 체크 코너를 온라인에 게재한 점은 높이 살 만하다. 트럼프가 특히 황당한 말을 할 때마다 그녀는 이 말들이 진실을 담고 있는지 시청자로 하여금 스스로 확인할 수 있도록 '팩트 체커'를 만들었다.

곧이어 트럼프는 교묘하게 말을 바꾸는 식으로 반응한다. 예를 들면 그는 팩트 체크 코너 지적을 빌미로 갑자기 이슬람 국가에 대해 이야기한다. 즉 클린턴이 이슬람 근본주의 무장 세력을 퇴치하기 위한 구상을 자신의 홈페이지에 공개하고 있는데, 이는 그녀가 이러한 내용을 비밀로 해야 한다는 사실을 제대로 이해하지 못하고 있음을 증명해 주고 있다는 것이다.

이처럼 트럼프의 전형적인 행태와 클린턴의 전형적인 속수무책은 항상 반복된다. 그녀는 자신의 적수가 사용하는 똑같은 도구를 한 번이라도 사용해야겠다는 결심을 하지 않는다. 그녀는 너무 당당한 것이 아닐까? 너무 편협한 것은 아닐까? 그녀는 그런 방식을 자신의 격에 맞지 않다고 생각할까? 이것은 일종의 소통 근본주의가 아닐까? 왜 그녀는 베이직 토크에는 하이 토크가 아니라 베이직 토크로 응해야 한다는 것을 생각하지 못할까? 왜 그녀는 "이 나라에는 리더십이 없습니다. 아주 솔직히 말하자면, 이 문제의 출발은 클린턴 장관입니다."라는 객관성이 결여된 이러한 식의 비난을 듣고서도 오로지 객관적인 사실로만 응수하는 것일까? 여러 층위를 옮겨 다니며 대화할 수 있다는 사실이 얼마나 더 명백해져야 한단 말인가? 트럼프는 이러한 물음에 아주 쉽게 대답한다. 그는 분명히 이렇게 말할 것이다. '그건 정치인들이 하는 전형적인 잡담이죠. 듣기는 좋지만 결코 성공하지 못해요.'

나폴레옹 전술

'듣기는 좋지만 결코 성공하지 못해요.' 이는 모든 논거를 한 방에 무산시킬 수 있는 말이다. 이러한 말에 왜 똑같이 단순하게 응수하지 못하는 것일까? '듣기도 좋고 언제나 성공하죠.' 이렇게 말이다. 아니다. 지성인들은 그렇게 하지 못한다. 너무 단순하고 수준 낮다는 생각에서다. 하지만 유감스럽게도 그러한 응수는 상당히 효과가 있다.

1차 대선 토론의 내용적 정점은 의심할 여지없이 도널드 트럼프의 소득세에 대한 논쟁이었다. 이는 트럼프에게 가장 민감한 주제다. 물론 클린턴은 이와 관련하여 철두철미하게 준비했다. 진행자는 소득세 신고서를 공개하지 않은 트럼프에게 먼저 발언권을 주었다. 트럼프는 교활하게 이렇게 대답한다. "클린턴이 삭제한 3만여 개의 이메일을 공개하면 저도 제 납세 내역을 공개할 겁니다." 교묘하게 화제를 전환하려는 시도다. 그러자 클린턴도 똑같이 공격한다. "모든 대선 후보들이 납세 내역을 공개했는데, 오직 당신만 그러지 않았습니다." 다른 사람들이라면 반박이나 변명, 혹은 방어를 하려고 했을 것이다. 하지만 트럼프는 아니다. 오히려 그는 자신에 대해(소득에 대해서가 아니라) 자신감 넘치는 발언을 한다. 그것도 단순하고 짧게, 딱네 마디로 말이다. 다른 후보들은 납세 내역을 공개했는데, 왜 당신은 공개하지 않았는가? 이에 대한 그의 대답은 "그러니까제가 똑똑한 거죠."였다.

트럼프는 자신에게 불리한 모든 주제에 대해 이렇게 응수한다. 트럼프는 이러한 식의 대응에 능숙하며 이러한 대응은 실제로 효과가 있다. 반면 클린턴은 거의 항상 옳은 말만 하는 것외에는 아무것도 하지 못한다. 하지만 이는 그녀에게 아무 도움이 되지 못한다. 나폴레옹은 자신이 아는 유일한 달변 기술은 반복이라고 말한 적이 있다. 이 말을 가장 잘 알아들은 사람이 있다면 바로 도널드 트럼프일 것이다. 반복을 통해 토론의본질이 사라지므로 반복은 진정한 토론 문화에서 기대되는 요인이 아니다. 하지만 반복은 차별화된 상대를 한방에 무너뜨릴 수 있는 철갑처럼 작용한다. 한마디로 무지한 자들의 훌륭한 기술이다.

뛰어난 지식과 정보를 갖춘 상대로부터 객관적으로 타당한 비난을 받으면 무슨 말을 하게 될까? 트럼프는 돈을 잘 알고 있는 사람이 이 나라를 이끌어야 한다고 자화자찬할 정도까지 이른다. 이에 대해 클린턴은 다음과 같이 적절한 말로 지적한다. "당신은 이미 여러 번 파산을 했죠." 그렇다면 궁지에 빠진 트럼프는 뭐라고 말할까?

그러자 그는 그저 "틀렸어요."라고 말한다. 상대가 계속해서 꼬치꼬치 캐묻는다면? 그래도 또 "틀렸어요."라고 말한다. 그래도 계속 추궁한다면? 자신만만하게 또 다시 말한다. "틀렸어요." 세 번을 연달아서 말이다! 그러면 지성적인 상대는 어떻게 할까? 포기하고 다른 주제에 대해 이야기한다!

클린턴은 매번 아주 단순한 말('틀렸어요.')과 진부한 반복에 당하기 일쑤다. 항상 이 똑같은 패턴에 말이다. 그때마다 그녀는 무력함을 보이고 근거에 바탕을 둔 논증적 공격으로 대응하다가 결국 손을 들고 포기한다. 너무나도 비극적인 상황이다. 아무리 많은 말에도 한두 마디 말로 반복적으로 대답한다. 그런데 그러한 대답은 상대를 한방에 쓰러뜨리는 엄청나게 큰 효과를 드러낸다. 밀도 있는 내용이 객관성이 결여된 단순한 문구 앞에서 좌절되고 마는 것이다.

첫 TV 토론 후에 트럼프가 무엇을 기대하고 있는지 명확해졌다. 하지만 아직 두 차례의 토론이 더 남아 있다. 그 말인즉슨, 적어도 이제부터라도 분석하고, 결론을 도출하고, 전술을 바꿀 수 있다는 것이다.

클린턴 캠프는 정말 그렇게 했다. 하지만 그녀가 가장 중요한 도구를 정말로 받아들인 것처럼 보이지는 않는다. 그녀 역시 자신만의 논증 습관에 얽매여 있었기 때문일 수 있다. 또 클린턴 캠프가 너무나 비슷한 양상으로 사회화된 사람으로 구성되었기 때문일 수도 있다. 또 클린턴이 자신도 트럼프처럼 똑같은 행태를 보여야 한다는 불편한 진실을 인정하기에는 너무 고고해서일 수도 있다. 클린턴은 미국의 대규모 진보 언론들이 그녀를 논증의 승자라고 칭송했던 사실에 안주했던 것일까? 물론 그녀는 정말로 논증의 승자이긴 했다. 안타까운 사실은 그저 이러한 논증이 전혀 결정적이지 못했다는 것이다.

3

개방된 공간

혹은 :

말하지 않고 말하는 방법

성차별적 후보

미주리 세인트루이스의 워싱턴대학에서 열린 클린턴과 트럼프의 2차 대선 TV 토론—이른바 '타운홀 미팅'—에서는 무대 설정이 1차 토론 때와는 확연히 달라졌다. 이번에는 무대가 개방되었고, 양 측면에는 반원 형태로 각각 4열로 의자들이 놓여 있었다. 이 객석에는 선별된 청중들이 자리했다. 객석 사이에는—시청자를 향해—두 후보의 자리가 마련되었고, 그 맞은편에는 진행자 마르타 라다츠(ABC 뉴스)와 앤더슨 쿠퍼(CNN 뉴스)가 앉아 있었다. 2차 토론에서는 클린턴과 트럼프를 위한 연설대도 보이지 않았고, 그 대신 각 후보를 위해 등받이가 낮은 높은 의자와 기둥 모양의 보조 테이블이 준비되었다. 보조 테이블은 후보들이 몸을 기댈 만큼 높지 않았고, 그저 메모를 하거나 몇몇 서류를 두기 위한 용도로 쓰일 정도였다. 그리고 1차 토론 때와는 달리 2차 토론에서는 질문의 절반은 후보들에게 전송된 이메일에서, 나머지 절반은 객석에서 채택되었다. 말하자면 트럼프와 클린턴은 이번 토론에서 말 그대로 그들이 몸을 기댈 수 있을 만한 것도 전혀 없었을 뿐만 아니라, 세 방향을 주시하면서 이야기해야 했다. 이러한 무대 설정은 두 후보가 토론 내내 움직이지 않고 같은 자리에 가만히 있을 수 없게 만들었다.

두 후보가 토론장에 들어설 때 이미 첫 토론 때와는 확연한 차이가 눈에 띈다. 바로 두 사람이 더 이상 악수를 하지 않는다는 점이다. 트럼프는 클린턴보다 훨씬 느린 발걸음으로 무대에 올라선다. 이번에도 클린턴은 살짝 찡그린 미소를 짓고 클린턴은 매력적으로 활짝 웃는다.

또한 트럼프는 자신의 행동 방식을 바꾸려는 움직임이 보이지 않는다. 이를테면 그는 이미 자신에게 제시된 첫 번째 질문을 전혀 수긍하지 않는다. 하지만 이번 토론에서 눈에 띄는 점은 그가 처음에 낮은 목소리로 말하고 의자 앞에 가만히 서 있는 등 전체적으로 뜻밖의 신중함을 보인다는 것이다. 그 이유는 분명 진행자들이 낭독한 여러 통의 이메일에 동일하게 담긴 질문의 주제 때문이기도 하다. 즉 트럼프의 소위 '탈의실' 추문 ("나는 여성들의 동의 없이도 그들에게 키스한다.", "나는 마음에 드는 여성이 있으면 치마 속으로 손을 넣는다.", "여성의 성기를 움켜쥘 수 있다." 등)에 대해서다.

트럼프가 몇몇 동료들과 TV쇼 녹화장으로 버스를 타고 가는 중에 그가 여성들을 상대로 어떤 성추행을 했는지가 드러난 파일이 토론 이틀 전에 폭로되어 전 세계로 퍼졌다. 사상 초유의 이미지 타격이었다.

물론 토론 진행자 쿠퍼와 라다츠는 화제를 전환하지 않는다. 트럼프는 이 주제와 관련된 진행자들의 질문에 제자리를 맴돌 듯 이렇게 간결하게 주장한다. "나는 결코 그런 말을 한 적이 없습니다… 그건 그저 탈의실에서 할 법한 그런 농담이었고… 이는 전혀 자랑스러운 일이 아닙니다… 이에 대해 사과합니다 …" 그러더니 바로 아무렇지도 않게 다른 사람들을 참수하는 이슬람 무장단체 이슬람국가(IS)의 위협에 대해 이야기하기 시작한다. 이는 분명히 트럼프가 이전의 질문들로부터 화제를 전환하려고 시도한 것이다. 하지만 이번에는 진행자들이 그의 이러한 시도를 순순히 허용하지 않는다.

라다츠는 트럼프의 말을 중단시킨다. "그러니까 당신은 여성들의 동의 없이 그들에게 키스한다고 말했던 사실을 인정하지 않는다는 겁니까?" 트럼프는 이렇게 대답한다. "나보다 여성들을 더 존중하는 사람은 없습니다." 뻔히 들여다보이는 시도지만, 진행자는 계속 물고 늘어진다. "당신은 정말 그렇게 한 적이 있습니까?"

트럼프의 뻔한 거짓말이 이어진다. "아니요, 저는 그런 적 없습니다." 이와는 다른 사실을 입증하는 파일이 이미 인터넷에 퍼질 대로 퍼졌는데도 말이다.

모든 게 그저 말일 뿐

트럼프는 쳇바퀴 돌듯 계속해서 똑같은 말을 한다. "저는 이 나라를 안전하게 만들 것입니다… 우리는 미국을 다시 위대하게 만들 겁니다…" 그가 성추행과 성차별적 발언을 했다는 사실이 무색할 정도로 '미국을 다시 위대하게'라는 슬로건(트럼프가 직접 고안한 것이 아니라 1940년대에 사용된 문구에서 차용한 것이다)은 톡톡히 효과를 본다. 그도 그럴 것이 클린턴은 이에 맞설 만한 구호가 딱히 마련되지 않았기 때문이다.

클린턴은 처음으로 토론에 직접 끼어들어 정면 공격을 한다. 트럼프는 한마디로 대통령직에 적합하지 않다고 말이다.

트럼프는 이 말을 듣는 순간 입술을 꾹 다물고 양손을 포갠 채 그대로 서 있다. 클린턴이 트럼프의 여성 적대감에 대한 몇몇 사례들을 열거할 때 트럼프는 말이나 표정으로도, 몸짓으로도 전혀 반응하지 않는다. 상대가 눈에 띌 정도로 흥분하는 상황에서 보라는 듯한 그러한 무반응은 무브 토크의 성격을 지닌다.

클린턴은 베이직 토크를 시도한다. "우리는 선하기 때문에 강합니다." 이처럼 도덕성을 노골적으로 들먹이는 것이 역효과를 가져올 수도 있지만, 이는 기교면에서나 통사론적으로나 클린턴이 나아졌음을 보여준다. 하지만 여전히 말이 너무 길다.

베이직 토크는 트럼프가 더 잘한다. 트럼프는 자신의 여성 적대적 발언에 대한 클린턴의 논증 노선에 맞서 그저 아주 단순하게 응수한다. "모든 게 그저 말일 뿐입니다." 그리고 또 한 번 반복한다. "여러분, 그것은 그저 말일 뿐입니다." 이 말은 내용상으로는 시청자들을 몸서리치게 만들 수 있다. 하지만 기교면에서는 한마디로 아주 훌륭하다. 명백한 사실을 여러 번 반복해서 발언(토론에서는 말 말고 더 중요한 것이 있겠는가?)하는 이와 같은 단순한 방식을 통해 우위를 점한다. 그저 말로만 말이다. 무지한 자들의 대단한 스킬이다.

트럼프를 수비 태세에서 실제로 벗어나게 해 준 효과적인 첫 번째 반격은 반칙을 통해 성공한다. 다시 말해 트럼프는 미국 청중들이 지금까지도 아직 잘 기억하고 있는 르윈스키 스캔들의 주인공인 클린턴의 남편 빌을 언급하기에 이른다. 트럼프의 성추문과 르윈스키 스캔들은 별개의 문제인데도 트럼프는 이렇게 말한다. "나는 말만 했지만 그는 행동으로 옮겼다." 이 나라의 정치 역사상 빌 클린턴만큼 여성들을 학대한 사람은 없다는 것이다. 또 다시 트럼프는 타의 추종을 불허하는 허언을 한다. 이러한 허언은 내용적으로 전혀 검증되지 않는데도 극적인 효과를 나타낸다.

트럼프는 말한다. "그러니 나한테 그렇게 말하지 마십시오

··· 이건 사람들이 하는 말입니다···빌 클린턴은 행동으로 옮겼습니다! 힐러리는 부끄러운 줄 알아야 합니다··· 그리고 또 그녀가 사죄해야 하는 것은 이 3만 통의 이메일입니다···" 이로써 또 다시 트럼프는 완전히 다른 주제로 전환하려고 시도한다.

트럼프가 사실로 입증된 성추문 발언들을 모든 '사람들'을 포함시켜서 무마시키는 방식은 매우 교활하다. 이봐, 그런 짓은 누구나 하는 거 아니야? 그저 컨디션이 좋지 않아서 뭐 그런 말을 할 수도 있지. 항상 신중한 말만 골라서 할 수는 없잖아. 그런 말이 무심코 튀어나올 수도 있어─그리고 생각했던 것보다 빨리 시청자들은 갑자기 트럼프와 같은 배를 탄다─ 나중에 생각해 보니 너한테 정말로 미안하더라··· 하지만 어쩔 수가 없잖아. 노골적으로 드러난 트럼프의 결함(하나님 앞에서 우리는 모두 죄인이 아닌가?)은 그와는 달리 완벽주의자의 인상을 풍기는 클린턴에 맞서 그를 더 강하게 만든다.

아직 클린턴은 압박을 가하면서 밀어붙일 수 있다. "도널드 트럼프와 같은 사람이 이 나라의 법을 관리하지 않는 것은 참 다행입니다." 그러자 트럼프는 또 다시 내용상으로는 무의미한, 하지만 기교면에서는 뛰어난 베이직 토크로 응수한다. "그렇게 되면 당신은 감옥에 가게 될 테니까요!" 곧이어 그는 다시 클린턴의 신경을 건드리는 주제, 즉 그녀가 보안 등급이 높은 기밀문서들을 개인 메일 계정을 통해 송·수신했다는 점을 걸고넘어진다.

영역 공격

이 지점까지는 토론 무대에서 두 후보의 기세가 적어도 막상막하다. 하지만 이제부터 트럼프는 클린턴이 마지막까지 간파하지 못하는 수단을 사용한다. 하지만 그녀는 이미 준비 단계에서조차 이 수단을 진지하게 받아들이지 않았다.

　클린턴이 똑바로 서서 질문에 대해 대답을 하는 동안 트럼프는 무브 토크 태세로 완전히 전환한다. 다시 말해 더 이상 말로 표현하는 것이 아니라 공간 속에서 몸을 전략적으로 배치하는 것이다. 클린턴이 논증을 하는 동안 트럼프는 동의하지 않는다는 표정을 노골적으로 지으며 공간을 돌아다닌다. 이따금씩 가만히 서서 이야기를 듣거나 양손을 배 앞에서 펼치기도 하지만, 토론 내내 몸짓을 취하며 왼쪽에서 오른쪽으로 혹은 뒤쪽으로 왔다 갔다 한다. 그는 이러한 움직임을 통해 누군가 아무 의미 없는 이야기를 하고 있어서 매우 지루하다는 인상을 유발한다. 진행자들은 트럼프의 모든 무브 토크에 대해 아무런 코멘트도 하지 않는다.

이때 클린턴은 처음으로 막대한 실수―이러한 실수는 이번 토론에서 세 번 더 반복된다―를 한다. 즉 트럼프가 가만히 서 있는 동안 클린턴이 그의 옆을 지나쳐서 자신에게 질문을 한 청중 중 한 명에게 가까이 다가간다. 이는 당연히 자신에게 질문한 사람에 대해 관심을 표하는 좋은 신호다. 하지만 유감스럽게도 약 2미터 간격을 두고 그녀의 등 뒤에 트럼프가 있기 때문에 그녀는 그가 그 자리에서 무엇을 하고 있는지를 볼 수가 없다. 트럼프는 보란 듯이 얼굴을 찡그리고 있다. 최고의 무브 토크다!

클린턴은 이러한 덫에 여러 번 걸려든다. 그녀가 핵심을 찌르며 똑 부러지게 말하면서 질문자를 향해 걸어가는 동안 트럼프는 뒤에서 왔다 갔다 하며 시종일관 얼굴을 찡그리고 있다. 이로 말미암아 그는 공간 전체를 장악하며 '거대한 맹수처럼 느릿느릿'(요아힘 바우어)* 움직이는데, 바로 이러한 행동으로 그는 영역을 점령하고 있다는 인상을 불러일으킨다. 클린턴의 캠프에는 그러한 영역 지배 행동을 사전에 그녀와 훈련했던 사람이 왜 없었을까?

---

* 《네가 느끼는 것을 내가 느끼는 이유》에서 인용

계속해서 주제가 오바마 케어로 이어진다. 트럼프는 다음과 같이 주장한다. "오바마 케어는 재앙입니다." 그리고 클린턴은 세 번째로 트럼프의 오프사이드 트랩 전술에 걸려들고 그에게 토론 무대 전체를 내 주게 된다. 이제부터는 전세가 기울어진다. 클린턴은 트럼프가 이러한 어쭙잖은 공간학적 행동으로 무엇을 가능하게 했는지 눈치 채지 못한다. 상대에게 공간을 내 주면 안 된다는 이러한 단순한 축구 규칙을 클린턴은 분명 모르고 있다.

미국식 영어에는 이러한 현상을 의미하는 표현이 있다. 바로 '공간을 작업하다'는 표현이다. 한 지점에 가만히 서서 순전히 말로만 표현하는 것이 아니라 무대 전체를 이용하는 등 공간을 작업하는 방식을 어쨌든 클린턴은 파악하지 못했다.

바로 그렇기 때문에 트럼프는 점점 더 자기가 하고 싶은 대로 할 수 있다. 그는 어떤 내용에 대한 질문을 받을 때마다 다른 것에 대해 이야기한다. 힐러리 클린턴이 어떤 공간에 있더라도 트럼프는 그 공간을 장악한다. 이를테면 그녀가 앞에서 말하고 있는 동안 트럼프는 그녀의 등 뒤에서 왔다 갔다 하면서 히죽히죽 웃거나 익살스러운 표정을 짓거나 고개를 흔든다. 그러고는 자신만만하게 짧게 부정한다. "그녀의 판단력은 형편없군요."

나머지 토론 시간 동안은 트럼프가 우위를 차지한다. 무지한 자의 기교가 결국 승리를 이끈다. 러시아 해커들이 미국 대선에 영향을 미쳤다? 트럼프가 불법으로 세금 환급을 받았다? 이제 트럼프는 세세한 내용을 전혀 건드리지 않고서도 이러한 모든 비난을 아주 간단하게 무마시킬 수 있다. 딱 두 마디면 된다. "참 웃기는군요." 내용에 관한 발언은 아니지만 기교면에서는 탁월하다.

반면 클린턴은 또 한 번 무브 토크의 덫에 걸린다. 소득세와 세금 환급은 트럼프에게 여전히 뜨거운 주제다. 하지만 클린턴이 이와 관련하여 전면에서 상세히 발언하는 동안 그녀뿐만 아니라 진행자들도 트럼프가 뒤에서 무례하게 어슬렁거리며 왔다 갔다 하도록 내버려둔다. 클린턴이 고고하게 논증에 집중하는 동안 트럼프는 자신의 무브 토크로 공간 전체를 장악한다.

자책골과 미끼

결국 클린턴은 자책골을 넣은 셈이다. 트럼프는 클린턴이 30년 동안 미국 정부 시스템에서 활동하면서 부당한 과세 제도를 바꾸기 위해 아무것도 하지 않았다는 비난을 반복한다.

이러한 비난이 클린턴의 기를 꺾는다. 트럼프는 이 사실을 눈치채자 이러한 주장을 더 뻔뻔스럽게 반복하고, 클린턴은 결국 자기합리화를 시작한다. 그녀는 트럼프의 이러한 왜곡된 비난으로 신경이 곤두서고 그의 말을 조목조목 반박하려고 시도한다. 그런데 유감스럽게도 오히려 그녀가 의도한 것과 정반대의 효과가 나타난다. 자신을 향한 트럼프의 비난이 사실이 아니라면 자신만만하고 간결하게 그를 반박하는 것으로 충분할 것이다. 하지만 그토록 상세하게 합리화하며 설명한다면 보는 사람으로 하여금 트럼프의 말에도 일리가 있지는 않을까 하는 의혹을 품게 한다.

그러나 클린턴은 자기합리화가 자신에게 어떤 결과를 가져올지 파악하지 못한다. 결국 그녀는 마치 자신의 실력을 나무라는 엄한 선생님이나 무서운 아버지 앞에서 '저는 정말 노력했단 말이에요.'라고 말하는 여학생이나 딸처럼 몸이 뻣뻣해진다.

끝으로 트럼프는 클린턴을 무력화시키는 마지막 베이직 토크 공격을 한다. "그녀는 거짓말하고 있어요." 트럼프는 이 말을 무려 세 번이나 연달아서 한다. "그녀는 말만 많죠."라는 말도 말이다. 그는 계속 뒤에서 어슬렁거리면서 이러한 말들을 반복한다.

마지막 3차 토론은 라스베이거스의 네바다대학에서 다시 한

번 완전히 변경된 형식으로 진행된다. 3차 토론의 진행자는 폭스 뉴스의 크리스 월러스다. 시청자에게 보이는 화면도 다시 한 번 완전히 바뀌었다. 지난 몇 년 동안 진행된 다른 대선 토론에서처럼 이번 3차 토론에는 분할 화면 방식으로 녹화된다. 시청자들은 전체 토론 공간과 후보들의 움직임을 더 이상 볼 수 없고, 오로지 두 후보의 상반신과 그들의 몸짓과 표정만 볼 수 있다. 청중도 화면에 보이지 않는다. 하지만 토론의 구성 방식에는 변함이 없다.

트럼프는 낙태법과 관련된 사안에 대해서도 지극히 짧은 발언을 하는 자신의 방식을 고수한다. 클린턴은 낙태나 이민, 장벽 주제에 대해 종잡을 수 없는 트럼프와 여전히 고투를 벌인다.

트럼프는 다양한 베이직 토크를 서슴없이 반복하고("푸틴은 시리아에서 그녀보다 한 수 위였습니다.") 민감한 비난에 대해서는 "거짓이에요."라고 간단히 대답하거나 모욕적 발언을 한다("그녀는 자신이 거짓말쟁이임을 입증했습니다."). 클린턴은 여전히 이에 맞설 수단을 찾지 못한다.

그리고 계속해서 이미 잘 알려진 핵심적인 자극이 이어진다. 트럼프가 그녀에게 미끼를 던지면 그녀는 반사적으로 이를 덥석 물으려 한다. "당신은 지난 30년 동안 바꿀 수 있었는데, 그렇게 하지 않았습니다." 보통 제대로 돌려놓아야 한다, 되도록 모든 세부 사항을 수정해야 한다는 식의 공격을 받으면 장황하게 자기를 합리화하게 된다. 그리고 이러한 합리화만으로도 그녀는 불리한 입장에 처한다.

이제 클린턴은 기분이 상한 모습이 역력하고 그녀의 표정은 더 이상 예전처럼 자신만만하지 않다. 그녀는 뭔가 잘못되어가고 있음을 느낀다. 여성 학대에 대한 주제를 다룰 때에도 그녀는 인신공격을 받았다. 클린턴이 트럼프의 음담패설 발언에 대해 반복하자 트럼프는 아주 간단히 세 번 연달아 주장한다. "저는 그런 말을 한 적이 없습니다." 그리고 또 다음과 같은 말을 두 번 반복한다. "나보다 여성들을 더 존중하는 사람은 없습니다." 낡은 레코드판처럼 항상 똑같은 말만 반복한다. 전 미국 국무장관이었던 매들린 올브라이트는 언젠가 '선동 정치가의 계략'에 대해 말한 적이 있다. "거짓말을 자주 반복하면 정말로 그것이 사실인 것처럼 들리기 시작한다." 누군가 이러한 계략에 정통해 있다면 그 사람은 바로 트럼프일 것이다.

자승자박

이제는 트럼프의 방식이 뻔히 들여다보이니 클린턴의 속수무책은 동정심만 불러일으키는 것이 아니라 신경에 거슬리기 시작한다. 트럼프는 마구잡이식으로 클린턴의 기를 꺾고 있는데, 클린턴은 그렇게 하도록 내버려둔다. 넥타이를 길게 맨 트럼프는 자신을 향한 일련의 근거 있는 비난에 대해 그저 짧게 간추려 대답한다. "모든 게 허구입니다." 그리고 그는 아주 태연하게 클린턴을 대놓고 인신공격한다. "그녀는 수백 번이나 거짓말을 했습니다."

클린턴의 얼굴 표정은 점점 통제하기 어려워 보인다. 적재적소에 바늘을 찔렀는데도 말이다. 이를테면 그녀는 트럼프가 여성들을 비방했을 뿐만 아니라 장애를 가진 기자를 흉내 냈으며, 전사한 미군 병사의 무슬림 부모에 대해 비하발언을 하고 존 매케인의 전쟁포로 사실을 조롱했다고 비난했다. 이러한 비난으로 그녀는 미국의 청중들 앞에서 트럼프의 민감한 부분을 건드릴 수 있었을 것이다. 만약 그녀가 '틀렸어요.'라는 트럼프의 간결한 대답을 매번 너그럽게 봐 주지 않았다면 말이다.

트럼프는 클린턴의 마지막 돌격을 가볍게 막아낸다. 그녀는 트럼프가 초반에 이라크 침공을 지지했는데 이제 와서 그 사실을 인정하려고 하지 않는다며 여러 번 정당하게 비난한다. 하지만 이번에도 그녀는 트럼프의 나폴레옹 전술에 가만히 당하고 있다. 그는 오로지 '틀렸어요.'라는 말만 세 번 연달아 반복한다. 그게 전부였다.

무지한 자의 이러한 술수는 보기 좋은 기술은 아니지만 나름대로 수준 높은 기술이다. 이러한 기술은 제때에 인식되지 않을 때에 특히 효과적이다. 트럼프와 같은 사람은 이러한 기술에 상당히 정통해 있고 지속적으로 이를 사용한다. 힐러리 클린턴과 같은 사람도 분명히 이러한 기술을 알고는 있을 것이다. 하지만 자신의 이해관계를 위해 이를 사용하려고 하지는 않는다. 그러다가 결국 그녀는 자신이 기대했던 것과는 정반대의 효과, 자신의 논증력마저 무력해지는 결과를 얻는다.

무지한 자들이 자신들의 기술을 심사숙고하여 사용하는지 아니면 그냥 반사적으로 사용하는지는 전혀 중요하지 않다. 또한 그들이 자신이 말하는 내용을 실제로 항상 생각하는지 아닌지도 중요하지 않다. 트럼프와 같은 사람이 베이직 토크를 사용하기 전에 그것이 얼마나 효과가 있을지 매번 숙고하거나 혹은 어떤 무브 토크를 보여줄지 사전에 정말로 철저히 생각할리는 만무하다. 아마도 그 배후에는 오랜 학습 경험의 역사가 숨겨져 있을 것이다. 말하자면 내가 이렇게 했더니 효과가 있었고, 그러니 계속 반복한다는 학습 경험이다. 그리고 이러한 경험으로부터 어떤 확실함을 얻었을 것이다.

이러한 기술은 다른 많은 능력들과 마찬가지로 훈련될 수 있다. 내가 십자못을 각목에 박은 적이 아직 한 번도 없다면 못이 휘지 않게 제대로 박기까지 시간이 한참 걸린다. 하지만 언젠가 못을 잘 박는 방법을 터득하면 내가 힘들이지 않고 쉽게 못을 잘 박는 모습에 주변 사람들이 감탄한다. 그들은 내가 보이지 않게 얼마나 많은 연습을 했는지 모른다. 무지한 자들의 기술 역시 이와 다르지 않다.

논리만 펴는 사람은 이기지 못한다. 소통 수단의 일부는— 전체는 아니더라도—언제나 훈련될 수 있다. 또한 그가 무지한 자들과 맞설 때 그들과 똑같은 기술을 사용하지 못하면 결국 힘을 잃게 된다. 못질 두 번에 완벽하게 못을 박는 사람이 있다면 모두가 감탄할 것이다. 그런데 상대의 못질 솜씨도 똑같이 출중하다면 그 기술의 극적 효과는 당연히 반감된다.

4

훈련 거부

혹은 :
사실적 지식이
몰락으로 이어진다면

모범생

내가 세 차례의 미국 대선 토론을 보고 난 후 가장 먼저 느낀 것은 침울한 당혹감 같은 감정이었다. 이러한 당혹감은 두 후보의 정치적 입지보다는 토론 양식과 더 관련이 있었다. 말하자면 후보들의 부끄러운 행동에 내가 부끄러움을 느꼈다. 이렇게 거대한 나라가, 이렇게 막강한 문화를 가진 나라가 어떻게 그토록 상스러운 모습을 보일 수 있었을까? 논란의 여지가 있는 문제를 두고 벌이는 객관적인 공방은 민주주의적 토론의 당연한 산물이다. 그런데 대선 토론에서는 승리주의에 젖은 무지함이 폭발적으로 부각되었고 정말로 이것이 명백한 민주주의적 토론이었는지 순간적으로 의구심이 생겼다.

뉴욕 부동산 사업가였던 트럼프가 성공적으로 우위를 과시했던 점도 부끄러웠지만 직업 정치인인 클린턴이 그런 트럼프에게 적절한 방어를 하지 못하는 무능력도 매우 수치스러웠다. 어떻게 이런 일이 벌어질 수 있었을까? 트럼프는 클린턴과 같은 정치적 경험이 풍부한 사람에 대해 분명 잘 알고 있었을 것이다. 클린턴은 대선 토론이라는 틀 안에서 일어날 수 있는 가능한 것들을 알 수 있었을 것이다. 마치 무대 위에서 상연되는 모든 것이 관계자들에 의해 조직되고 준비되었다. 우연적인 것, 돌발적인 것, 예측 불가능한 것은 어떤 것도 없을 것이라 생각했을 것이다. 클린턴과 같이 정치 업무에 노련한 인물이 얼마나 전문적으로 그렇게 했겠는가?

힐러리 클린턴이 자신의 저서《무슨 일이 일어났나?》에서 기술했듯이, 그녀와 함께 대선 토론을 준비했던 최측근은 대부분 변호사, 정치 분석가, 전략가들로 구성되었다. 그들 중 많은 사람들이 이미 과거 대통령의 대선을 준비했던 경험이 있었다. 그들은 클린턴이 가능한 모든 토론 주제에 대비할 수 있도록 되도록 많은 내용적 자료를 그녀에게 조달해 주어야 한다는 자신들의 임무를 명확히 알고 있었다. 그들은 클린턴에게 두꺼운 서류철을 제공했고, 그녀는 이를 체계적으로 자신의 것으로 흡수시켰다. 클린턴이 책에서 기술한 것처럼 마침내 "나는 상대의 입지를 하나에서 열까지 다 알게 되었고, 몇몇 경우에서는 심지어 상대보다 더 잘 알았다." 정말로 진정한 모범생이다. 선생님이 알고 싶을 것을 그녀에게 물어볼 만큼 말이다. 그녀는 성실하게 공부했다.

그런데 아웃사이더격인 사람들은 이러한 식의 준비가 얼마나 순진하고 맹목적인지 의문을 가질 수 있다. 클린턴은 자신의 상대가 팩트에 전혀 개의치 않는다는 것을 보여주는 사례들을 산더미처럼 가지고 있었다. 그런데 바로 그러한 팩트에만 의존하는 것은 결국 너무나도 소홀한 준비였다. 이를테면 1989년에 트럼프는 래리 킹이 진행하는 저명한 TV 토크쇼에 게스트로 출연했는데, 그때 트럼프가 토크의 달인 래리 킹을 당황시킨 사실은 전설이 되었다. 래리 킹과 대화를 하는 도중에 트럼프는 자신의 의자를 뒤로 빼면서(무브 토크!) 이렇게 말했다. "제가 뒤로 약간 물러나는 것이 당신에게 문제가 되지는 않겠죠? 당신, 입 냄새가 고약하네요. 정말 고약해요. 누군가 당신에게 이 사실을 말해 준 적이 있나요?" 그러자 입담 좋은 래리 킹 역시 마땅한 대꾸를 하지 못했다.

그런데 하필이면 이런 사람을 상대로 팩트에 의존하겠다는 말인가?

기회를 놓치다

클린턴이 대선 토론을 '권투 시합' 혹은 '위기 작전'과 비교한 것을 보면 그녀는 대선 토론이 지니는 극적 성격을 알고 있었다. 또한 토론에서 알아듣기 쉬운 비유가 어떤 의미를 지니고 있는지도 아주 명확하게 알고 있었다. 클린턴의 기술에 따르면, 그녀는 대선 토론 준비 작업에서 '특수한 언쟁'을 훈련하고 상세하고 세부적인 답변을 연습용으로 미리 작성하며 '극적 순간'을 직접 만들어 보려고 했다.

클린턴의 팀은 그녀가 진땀을 흘리고 말문이 막히는 상황을 만들어 내는 '악마의 대변인' 역할을 했다. 말하자면 의도적으로 그녀의 정치적 성공을 왜곡시키거나 인신공격 발언을 하는 연습을 했다. 이러한 준비 과정이 가장 고조되었을 때는 팀원 중 한 명이 얼굴을 찡그리며 클린턴에게 비열한 질문들을 퍼붓자 그녀가 자신의 대답이 충분치 못하다는 느낌을 가졌을 때다. 클린턴은 그 팀원에게 자신의 역할을 해 보라고 요청했고 반대로 그녀가 공격자 입장이 되었다. 그녀는 자신의 책에서 이와 같은 준비 과정을 '완전히 초현실적인 경험'이라고 기술하고 있다. 하지만 그냥 그것으로 끝이었다. 그녀가 이러한 역할 변경을 특이하고 낯설게 느꼈다는 사실은 그녀가 이러한 수단을 자신의 준비과정에서 체계적으로 도입할 마음이 없었음을 증명한다. 유감스럽게도 말이다. 조금은 너무 안이했다.

클린턴은 무지한 자들의 계략을 잘 알고 있었다. 그녀도 이러한 기술을 사용했더라면. 하지만 그렇게 하지 않았다. 그녀가 속한 계층, 그녀의 환경에서는 그렇게 하지 않는다. 예일대학 출신은 그렇게 하지 않는다! 차라리 자기 방식을 고수하고 자신만의 사실적 지식을 축적한다. 그렇게 클린턴은 논리라는 도토리를 부지런히 한가득 모아서 자랑스럽게 숲에 들어서는 똑똑한 다람쥐처럼 행동했다. 하지만 그곳에서 그녀는 가득한 도토리에 전혀 상관하지 않는 누군가를 만난다.

클린턴이 팀원들과 함께 정말로 현실적인 준비 과정을 거쳤음에도 말이다. 그녀의 팀에서 바로 이러한 연극 장면 같은 훈련을 담당했던 사람은 그녀의 보좌관 필립 레인스였다. 그녀는 그를 '트럼프 대역 필립'이라고 부르기도 한다. 레인스는 도널드 트럼프를 되도록 사실적으로 연기하는 것이 자신의 임무라고 생각했다. 여기에는 트럼프의 옷차림, 그의 전형적인 몸짓, 특유한 말투까지 포함되었다. 레인스는 트럼프의 실제 행동을 정말 잘 알고 있는 듯했다. 그런데 클린턴의 저서에서 이와 관련된 내용이 담긴 구절을 읽어 보면 그녀가 레인스의 방식을 소름이 끼칠 정도로 매우 낯설고 독특한 것으로 이해했다는 인상을 받는다. 하지만 트럼프가 사용하는 이러한 수단들 중 일부는 그녀에게도 의미 있게 사용될 수 있었는데, 그녀는 이 수단을 익히지 않았다. 오히려 그녀는 이를 그저 바라보기만 했다.

레인스와 또 다른 팀원은 인사할 때 손을 움켜쥠으로써 상대의 기세를 꺾는 법도 클린턴의 눈앞에서 보여주었다. 레인스는 트럼프가 클린턴을 포옹하거나 심지어 키스하려고 시도할 것이라고 추측했다.

한번은 그녀가 단순히 바라보기만 하지 않고 그러한 인사법을 직접 연습하는 것이 좋겠다는 생각이 들었다고 이야기한 적이 있다. 하지만 그녀는 팀원들이 보여주는 인사 장면(트럼프 대역이 힐러리 대역을 킥킥거리며 쫓아다니는 장면)이 너무 터무니없다고 느꼈다(이 장면은 유튜브에서도 찾아볼 수 있다). 물론 이 장면에는 우스꽝스러운 부분이 있기는 하다. 하지만 클린턴은 상대의 기세를 꺾는 무브 토크의 잠재력을 마지막까지 파악하지 못한 것처럼 보인다. 그녀에게는 레인스의 이러한 극적 연출이 당황스러울 정도로 낯설게 느껴졌다. 이는 분명히 그녀를 트럼프에게 압도당하게 만든 결정적인 실수라고 볼 수 있다.

훈련 없이는 어떠한 기술도 불가능하다

내가 의뢰인들에게 전문성이 돋보이는 퍼포먼스를 준비시키는 일을 하면서 얻은 개인적인 경험은 최악의 경우를 대비하는 훈련을 함으로써 가장 많은 것을 배울 수 있으며, 이를 통해 최대의 확실성을 확보할 수 있다는 것이다. 생각할 수 있는 최악의 상황을 미리 집중적으로 다루는 사람은 실제 상황에서 어떤 일이 닥칠지 더 빨리 인식할 수 있다.

이러한 식의 준비는 당연히 매우 힘겨울 수 있다. 이를테면 빨리 말하는 사람은 힘들게 느껴지더라도 보다 천천히 말하는 법을 연습해야 한다. 웃음이 끊이지 않는 사람은 반사적으로 나오는 웃음을 갑자기 참고 더 이상 상냥한 인상을 풍기지 않는 연습을 해야 한다. 감정이입을 잘하는 사람이라면 아무것에도 상관없는 마음가짐을 연습할 필요가 있다.

대부분의 사람들은 이러한 퍼포먼스를 앞두고 일을 그르칠 수도 있다는 생각을 가지고 있다. 그들은 자신들에게 위협이 될 만한 사람이 누구인지도 대체로 잘 알고 있으며, 심지어 그 사람이 어떤 행동을 할지 실제로 가늠할 수도 있다. 그런데 왜 실제에서 그렇게 구체적으로 훈련하지 않는 것일까? 사전에 머릿속으로만 코스를 통과하는 것은 단거리 경주에도, 마라톤에서도 충분하지 않다.

또한 사안에 대해 말만 하는 것으로도 충분하지 않다. 이를테면 내가 이사회 앞에서 프레젠테이션을 하면서 세부적 내용을 장황하게 설명한다. 그런데 누군가 주제와는 전혀 상관없이 그저 나를 웃음거리로 만들려는 마음에서 내 헤어스타일이나 넥타이 무늬에 대해 부정적인 언급을 한다. 나는 이때 내가 어떤 느낌을 받을지 미리 경험해 보아야 한다. 이럴 경우 나는 어떻게 해야 할까? 몸이 얼마나 뻣뻣해질까? 이러한 경직 상태에서 어떻게 빠져나올까? 이러한 당혹감을 어떻게 극복할 것이며, 이러한 압박 속에서 어떻게 하면 자신감을 잃지 않을까?

이러한 경우 내가 그 말을 재치 있게 받아넘기고 더 큰 압박을 가한다고 해서 상황이 해결되는 경우는 드물다. 그렇게 하려면 나는 아무에게도 상처주지 않고 공격을 상쇄시키며 나의 높은 교양 수준을 증명하면서도 재치 있는 말—그것도 이 모든 것을 동시에 충족시킬 수 있는—과 천재적인 문구를 필사적으로 찾아야 한다. 하지만 이것이 가능한 경우는 극히 드물다.

그런데 이러한 상황을 연극처럼 훈련해 보면 기지를 발휘해야 한다는 이러한 요구가 도리어 뇌에 빗장을 걸어 잠그는 결과를 초래한다는 사실을 알 수 있다. 하지만 다양한 반응을 연출해서 테스트하다 보면 경직 상태에서 빠져나오게 도와주는 다른 수단들이 있다는 사실도 드러난다.

처음에는 언어적인 것보다 작은 동작이 도움이 되는 경우가 많다. 프레젠테이션 도중에 트럼프 방식으로 공격하는 사람이 상처 주는 발언을 한다면? 이 경우 다음과 같은 행동으로 당당하게 응수할 수 있다. 1. 이러한 발언에 눈길을 전혀 주지 않는다. 2. 공격자를 향해 천천히(!) 몇 걸음 다가간다. 3. 아무렇지도 않은 듯한 시선으로 그를 바라본다. 4. 마지막으로 베이직 토크를 한다. 예를 들면 "당신은 이사입니다. 그럼 이야기를 계속하겠습니다."와 같은 단순한 발언이나 이와 비슷한 평범한 발언을 한다.

수십 년 동안 내용적으로 주장하는 행위에 길들여진 뇌는 그와 같은 단순한 말이나 신체적인 동작이 어떤 효력을 발휘하는지 상상할 수 없을 것이다. 하지만 그렇게 해야 한다. 그러한 대안적 행동이 당사자에게 지극히 어색하거나 불편하게 느껴진다면 레인스와 같은 대역 파트너나 외부 코치 등과 함께 구체적으로 연습할 수도 있다. 특히 무지한 자들과 맞서야 하는 경우라면 더욱 연습이 필요하다.

달라이 라마의 분노

무지는 우리가 일반적으로 인지하는 것보다 훨씬 더 일상에 퍼져 있다. 우리는 이 사실을 인정해야 한다. 무지의 동인은 매우 다양하지만, 대부분 기술적인 면에서는 크게 중요한 비중을 차지하지 않는다. 무지라는 도구는 어떻게 해서든지 작동하기 때문이다.

나는 친한 어느 가족의 집에서 다음과 같은 장면을 본 적이 있다. 우리는 모두 식탁에 앉아서 식사를 하고 있었는데, 손님

중 한 사람이 정치적인 토론을 시작했다. 손님을 초대한 여주인은 그 손님의 의견에 곧바로 발끈했고 그와 논쟁을 시작했다. 그때 세 살짜리 딸이 그녀에게 말을 걸었다. "엄마." 하지만 그녀는 손님의 주장을 반박하는 데에 정신이 쏠려 있었다. 아이의 목소리는 더 커졌다. "엄-마-!" 하지만 그녀는 이번에도 딸의 목소리를 못 듣고 더 열정적으로 언쟁을 벌였다. 그러자 딸은 엄마의 팔에 손을 대면서 정말로 크게 엄마를 불렀다. "엄-마-!" 그때서야 그녀는 말을 멈추고 딸을 바라보았다. 딸역시 엄마를 뚫어지게 바라보면서 큰 소리로 천천히 말했다. "스-파-게-티." 그러자 엄마는 웃을 수밖에 없었다. 그녀의 분노가 가라앉았고 대화는 화해적인 분위기로 바뀌었다. 그리고 꼬맹이 딸은 스파게티를 받았다.

이는 악의가 담기지 않은 무지함이다. 이러한 무지는 어느하나에 완전히 집중할 때 생겨난다. 다시 말해 단 하나의 욕구를 제외하고는 아무것도 중요하지 않으며, 흔들림 없이 오로지하나의 욕구에만 집중하는 경우다. 다른 누군가에게 상처를 주거나 그를 무시할 의도가 전혀 없다. 상대는 지적 논쟁에 푹 빠져 있다. 이때 아이의 입장에서 할 수 있는 것은 베이직 토크다. 즉 똑같은 메시지를 세 번 보냈다. 그리고 작은 무브 토크를 했다. 결국 무브 토크로 논쟁이 끝났다!

권력적 이해관계를 가진 성인의 경우에는 무지의 동기가 완전히 다르다. 그는 다른 사람이 의견(심지어 본인도 내용적으로 공감하는데도 말이다)을 개진하지 못하도록 막으려고 한다. 이 경우에는 상대를 무시하고 깎아내리거나 제지하고 제한하는 행위가 매우 의도적이다. 당연히 누군가 타격을 입게 되어 있다. 그것도 청중들 앞이라면 가장 좋다! 이는 악의 없는 무지함이 아니며 일종의 계산된 무지함이다. 이러한 계산된, 말하자면 어느 정도 능동적인 무지함은 수직적으로 소통하는 것이 익숙한 사람들에게 상당히 쉽게 여겨진다. 왜냐하면 그들의 지위 놀이 목록에는 이러한 무지함이 당연히 포함되어 있기 때문이다. 반면 내용적인 것을 우선순위에 두고 수평적으로 소통하는 사람들은 이러한 무지함을 아주 힘들고 어려운 것으로 생각한다.

물론 그들도 자신에게 익숙하고 쉬운 방식으로 그들 나름대로의 무지함을 전개시킬 수 있다(엄마가 이틀 동안 나하고 말도 안하고 나를 없는 사람 취급해!). 하지만 광적으로 위계에 집착하는 사람과 갈등을 겪을 때 이러한 식의 무지함은 수직적으로 소통하는 사람들에게 중요하고 쓸 만한 도구라고 인지되기에는 너무 간접적이고 눈에 띄지도 않는다.

무지한 자들의 기술은 수직적 시스템과 더 가까운 관계다. 그렇다고 해서 무지한 자들의 기술을 수평적으로 소통하는 사람들이 자신의 이해관계에 사용할 수 없다는 뜻은 아니다. 달라이 라마도 이 기술의 거룩함을 알고 있다. 비록 달라이 라마가 수평적 소통을 대표하는 인물임이 분명함에도 말이다. 코치이자 연설가인 토비아스 벡은 성인 달라이 라마가 자신의 한 강연을 어떻게 마무리했는지에 대해 이야기한다. 언제나처럼 조언을 구하는 수많은 사람들과 제자들이 그의 강연을 듣기 위해 긴 줄을 이루었다. 달라이 라마는 진정한 성인의 인내심으로 한 명 한 명에게 관심을 보였다. 그런데 한 여성이 그의 앞에 서서 자신의 병, 이혼, 금전 문제, 세상의 모든 악 등 자신의 인생 전체를 시시콜콜히 늘어놓자 그는 그녀를 바라보며 크게 말했다. "미Mi-미mi-미mi-미mi-미mi- 다음 분 오세요."

이렇게 베이직 토크를 할 수도 있다. 정당방위를 위해 무지함을 이용하는 것이다.

5

사라진 대안

혹은 :
적절한 움직임이 결정적인 이유

마이크를 꽉 움켜쥐다

힐러리 클린턴이 선거에 패한 이유는 이 세 차례의 대선 토론 때문만은 아니다. 1억 명 이상의 미국인들은 아예 투표를 하지 않았다. 러시아 해커들이 가담했고 케임브리지 애널리티카 사는 페이스북 사용자의 정보를 은밀하게 수집했다. 뿐만 아니라 버니 샌더스나 폭스 뉴스의 이루 말할 수 없는 역할로 말미암아 민주당이 분열되었다. 선거 결과는 더 이상 우리의 관심을 끌지 않는다. 다만 우리에게 중요한 것은 모든 사람이 지켜보는 가운데 이 세 차례의 대선 토론 동안 어떤 전형적인 일들이 벌어졌는가다. 그리고 클린턴은 대선 토론 말고도 다른 수많은 곳에서 트럼프에게 보다 잘 맞설 수도 있었다.

　힐러리 클린턴은 트럼프의 무브 토크가 얼마나 결정적이었는지를 나중에서야 완전히 이해했다. 대선에 패한 후 한 TV쇼에 출연한 그녀는 세 번의 토론을 볼륨을 끈 상태로 관찰해 보니 트럼프가 얼마나 우세했는지를 비로소 분명하게 알게 되었다고 말했다. 클린턴은 대선 패배 이후에 저술한 자신의 저서에서 적수 트럼프가 두 번째 토론에서 매우 효과적인 무브 토크를 실행했다고 쓰고 있다.

　"[도널드 트럼프는] 위협적으로 내 뒤에 서 있었다. 이틀 전

그의 여성비하 발언이 세상에 공개되었다. 그리고 지금 우리는 작은 무대에 서 있었다. 내가 어디로 걸어가든 그는 내 뒤를 바짝 따라와 나를 뚫어지게 바라보면서 얼굴을 찡그렸다. 믿을 수 없을 만큼 불쾌했다. 그는 말 그대로 내 목덜미에 입김을 내뿜었다. 나는 소름이 돋았다.

잠깐 멈추고 나를 바라보는 모든 사람들에게 '여러분이라면 지금 어떻게 하겠습니까?'라고 묻고 싶은 그런 순간들 중 하나였다. 여러분이라면 그냥 침착하게―계속 미소를 지으면서―그가 반복적으로 당신의 공간을 침범하지 않는 것처럼 행동하겠는가? 아니면 몸을 돌려 그의 눈을 바라보고 큰 목소리로 또박또박 이렇게 말하겠는가? '물러서, 이 나쁜 자식아. 나에게서 떨어져. 당신이 여성들을 겁주기 좋아하는 것을 알지만, 나한테는 어림도 없어. 그러니까 물러서.'

나는 옵션 A를 선택했다. 나를 날려버리려는 어려운 남자들을 평생 동안 상대해 온 덕분에 평정을 유지할 수 있었다. 하지만 나는 마이크를 정말 세게 움켜쥐었다."

와우, 마이크를 세게 움켜쥐다니! 유감이지만 이러한 전술은 아무도 감지하지 못한다.

클린턴은 지난 시간을 돌이켜보면서 두 번째 옵션이 더 낫지 않았을까 하는 의문을 가졌다. "어쩌면 나는 평정을 유지해야 한다는 교훈을 과하게 배웠던 것 같다. 혀를 깨물고 손톱이 손으로 파고들 정도로 주먹을 쥐며, 항상 미소를 잃지 않으며 세상을 향해 단호하게 침착한 얼굴을 내보여야 한다고 말이다."
하지만 클린턴은 자신이 트럼프에게 이런 식으로 솔직하게 호통을 쳤더라도 트럼프가 이를 이용했을 것이라고 추측한다. 그리고 그녀는 이렇게 덧붙인다. "많은 사람들은 화가 난 여성, 심지어 직접적인 여자에게서 뒷걸음친다."

그녀의 말이 어느 정도는 일리가 있다. 하지만 그녀가 확실하게 잘못 생각한 점은 오직 두 가지 옵션만이 존재했다고 가정한 부분이다.

무수히 많은 트럼프

나는 이미 10여 년 전부터 각종 분야의 회사와 조직에서 나타나는 이와 유사한 상황들을 대상으로 일련의 워크숍들을 지속적으로 진행하고 있다. 기업이나 조직에서 벌어지는 충돌은 여성 당사자들(경영진 위치에 있는 모든 여성)에게 고통스러운 일상이면서도, 다른 한편으로는 보호받는 공간에서 직업적 경쟁 상대에게 실제로 영향을 미치거나 필요할 경우 저지할 수 있는 수단을 구체적으로 시험해 볼 수 있는 가능성은 매우 희박하다. 그렇기 때문에 이는 지극히 평범하면서도 동시에 특이한 환경이다.

피해 당사자들의 진술을 보면 트럼프 유형의 인물들이 지속적으로 나타난다는 사실이 눈에 띈다. 말하자면 그러한 사람들은 모든 분야의 회사와 조직에 늘 존재한다. 이러한 사람들은 기업이나 조직에만 있는 것이 아니다. 이미 유치원이나 학교, 실습 생활이나 대학에도 이러한 사람들을 보게 되며, 그 후 직업적 현실에서 본격적으로 경험하게 된다. 워크숍에서 가장 중요한 두 가지 주제 중 첫 번째는 처음부터 혹평해서는 안 되는 낯선 소통 구조를 인지하는 것이다. 이러한 소통 패턴 뒤에는 악의(물론 자연스럽게 나타나기는 하지만)가 담겨 있는 경우는 매우 드물다. 그보다는 아무 생각 없이, 습관적으로 혹은 그저 재미 삼아서 하는 경우가 많다. 두 번째 주제는 이러한 소통 패턴을 자신의 이해관계에 이용하는 훈련이다.

나는 워크숍에서 어떤 연출 지시도 받지 않는 남성 대역 파트너와 함께 작업한다. 그는 아무 준비도 안 된 상태에서 당사자가 직장에서 부담을 느끼거나 이해하기 어려운 상황, 혹은 인생에서 결코 경험하고 싶지 않았던 장면에 대해 진술하는 내용을 듣는다. 그런 다음 그는 당시 이 장면의 상대 역할을 재연한다(이를테면 동료나 상사, 고객 혹은 정치인). 이 과정에서 몇 년째 여전히 발견되는 놀라운 점은 이 대역 파트너가 대부분의 경우 트럼프와 정말로 똑같이(!) 행동한다는 것이다. 몸짓까지도 말이다. 깊이 생각하지 않고서도 곧바로 이러한 행동을 하는 것을 보니 그에게는 분명 익숙한 행동인 것 같다. 더 흥미로운 사실은 그가 종종 무지한 자들이 전형적으로 사용하는 수단을 자동적으로 사용한다는 것이다.

10년이 넘게 약 2천 명의 경영진들을 테스트할 때 사용한 도구들은 어느 정도 경험적으로 입증된 효과를 가지고 있다. 이러한 도구를 투입하면 간혹 당사자들을 흥분하게 만들 수 있는데, 그 이유는 이러한 도구들이 처음에는 익숙하지 않아서다. 다른 한편으로는 그 방식이 기술적으로 너무 간단하기 때문이다.

모든 해결책은 한편으로는 지위와 영역이라는 두 개의 축에, 다른 한편으로는 단계적 심화 메커니즘에 그 중점이 있다. 무지한 자들의 행동을 이해하기에는 이 정도만 살펴봐도 대체로 충분하다. 전혀 복잡하지 않다. 하지만 무지한 자들과 한 번도 충돌한 적이 없는 사람들에게는 그들의 행동이 지극히 생소하다. 클린턴이 세 번의 토론에서 좌초한 이유는 바로 극복하지 못한 이러한 생소함 때문이다.

앞에서 언급한 수직적 갈등 시스템에서 나타나는 세 가지 단계적 심화를 다시 한 번 떠올려 보자. 즉 가장 영향력이 없는 단계인 하이 토크는 정교하고 논증적이며 사실에 입각한 언어적 말하기다. 갈등 상황에서는 하이 토크보다 베이직 토크가 더 효과적이다. 베이직 토크는 언어적이기는 하지만, 지성적이지는 않다. 말하자면 간단하고 짧고 반복적이다. 그리고 가장 막강한 효과를 나타내는 무브 토크가 있다. 즉 공간 내에서 손발이나 몸 전체를 의도적으로 움직이는 것이다.

이 세 가지 공격 단계에는 이중적 규칙이 적용된다. 즉 상대가 일단 효과가 더 큰 단계로 심화할 경우 낮은 단계로 물러나는 것은 무의미하고 어리석은 행동이다. 그리고 공격 받은 쪽은 상대보다 더 높은 단계로 오르지 못한다면 적어도 상대의 언어 기술 수준에 맞춰야 한다. 무한정 그렇게 할 필요는 없으며, 최소한 교착 상태에 이를 때까지 혹은 상대가 다시 내 말을 들을 준비가 되었다는 명확한 신호가 있을 때까지면 충분하다. 그렇게 되면 나는 다시 원래 상태로 되돌아올 수 있다.

독일의 사례

베이직 토크의 작은 사례를 한 번 살펴보자. 이번에는 독일 정치에서 찾아보고자 한다. 독일 재무장관 올라프 숄츠는 취임 당시 한 인터뷰에 임했다.

〈쥐트도이체 차이퉁〉지의 두 기자가 사회민주당의 올라프 숄츠에게 다음과 같이 질의한다. "자유민주당 대표 크리스티안 린트너는 재무부가 쇼이블레 장관 시절에는 총리실의 연장선 상에 있었다고 말했습니다. 이제는 바뀌는지요?" 숄츠가 대답한다. "저는 재무장관이자 부총리입니다."

이게 끝이다. 더 이상의 말을 하지 않는다. 그가 원했다면 더 상세하게 말했을 수도 있었을 것이다. 하지만 그는 그렇게 하기를 원하지 않았다.

기자들은 또 똑같이 묻는다. "그러니까 뭔가 바뀌는지요?" 숄츠가 대답한다. "저는 제가 어떻게 해야 하는지 알고 있습니다."

이러한 훌륭한 말솜씨라니. 놀랍다. 질문에 대한 대답이 전혀 아닌데도 말이다! 하지만 상관없다. 기자들에게는 당연히 충분하지 않은 대답이다. 그들은 또 되묻는다. "일을 시작하시려면 예산이 필요합니다. 예산안은 언제 발표하실 예정입니까?" 숄츠가 대답한다. "예산안은 신속하게 이루어져야 합니다 … 의회와 연방 주들과 함께 정확한 시기를 논의하고 있습니다." 기자들이 재차 묻는다. "'신속하게'라는 뜻이 정확히 무엇입니까?"

숄츠가 대답한다. "'신속하게'는 '신속하게'라는 뜻입니다…"

'신속하게'는 '신속하게'라는 뜻이고, 함부르크는 함부르크이며, 오늘은 오늘이다. 트럼프처럼 감정을 상하게 하지는 않지만, 구조적으로 정확히 똑같은 방식이다. 복잡한 정부 내각 문제에 대한 질문에 단순한 지위 메시지를 실은 다섯(!) 마디로 대답한다. 정치적 변화에 대한 질문에 대단한 내용이 담기지 않은 단 한 문장으로 대답한다. 이후의 정치적 행보 속도에 대한 질문에 딱 세(!) 마디를 반복해서 대답한다. "'신속하게'는 '신속하게'라는 뜻입니다." 그렇다. 숄츠 역시 베이직 토크를 구사할 수 있다. 관계절도, 변명도, 기자들의 구미를 돋울 만한 차별화된 설명도 없다. 이는 무지한 행동일까 아니면 교묘한 행동일까? 아니면 두 가지 다 일까?

독일 정치에서 또 다른 사례를 찾아보자. 2015년 앙겔라 메르켈이 기사당 전당대회에 초대받아 참석했을 때다. 그 당시에 이미 긴장감이 조성되었던 이 장면은 그 이후에 발생할 갈등을 이미 충분히 예견하고 있었다. 우리는 이 독일의 사례에서 가장 높은 고조 단계인 무브 토크를 볼 수 있다. 당시 바이에른 주총리이자 기사당 대표인 호르스트 제호퍼가 연설대에 서 있다. 기사당 전당대회에 의례적으로 초대받은 메르켈 총리는 방금 전에 통례적인 축하 연설을 마쳤다. 그러자 제호퍼는 메르켈의 연설에 감사를 표한다. 그런데 보통은 짧은 말과 꽃다발 전달로 끝나던 감사 표현이 메르켈의 난민 정책에 대한 일반적인 담판이 된다.

제호퍼는 마이크가 설치된 연설대에 서서 이야기를 하는 동안 1미터 옆에 서 있는 메르켈 총리를 꼬박 10분 동안 세워 둔다(마이크도, 연설대도 없이). 그는 10분 동안 사전에 계획하지 않은 말을 한다. 그것도 시종일관 웃으면서 말이다. 하지만 이 말에는 분명 메르켈을 비판하는 내용이 담겨 있다. 그가 이야기하는 동안 메르켈은 홀을 꽉 채운 사람들 앞에 혼자 방치된 채서 있다. 그녀는 어쩔 수 없이 그 상황을 그냥 감수할 수밖에 없다. 제호퍼는 사람들 앞에서 메르켈을 인질로 만들었다. 메르켈은 애를 쓰며 침착한 표정을 짓는다. 하지만 제호퍼가 말을 끝내고 메르켈에게 꽃다발을 전달하자 그녀는 휙 낚아채듯 받고는 무대를 내려갔다. 굉장한 무브 토크군, 호르스트! 너의 무브 토크를 인정해 주마.

이 상황에서 메르켈이 달리 행동할 수 있었을까?

저항의 수단들

당사자들은—메르켈 총리든, 힐러리 대선 후보든, 인턴 사원이
든 상관없이—상대가 현재 어떤 단계에 머물러 있는지를 가장
먼저 명확히 파악해야 한다. 그저 당연한 이야기가 아니다. 왜
냐하면 수평적으로 소통하는 사람들은 아무 생각 없이 상대도
나처럼 하이 토크에 강한 관심을 가지고 있다는 전제에서 출발
하기 때문이다. 실제로 그렇지 않은 경우가 더 많다. 이러한 내
적 질문 행위(상대가 지금 어떤 고조 단계에 있는가? 아직 하이 토크 단
계인가? 아니면 베이직 토크? 아니면 무브 토크?)를 하게 되면 종종
짧은 휴지기가 생겨난다. 하지만 이는 위계를 중시하는 사람들
을 마주할 때 결코 약점이 아니다. 그들은 종종 의도적인 침묵
을 결점이 아니라 일종의 선언이라고 생각한다.

말하자면 언어적으로 대답하기 전에 상대 역시 언어적 단계
에 머물러 있는지를 먼저 명백히 파악하는 것이 좋다. 상대가
무브 토크를 진행 중일 경우 언어적으로 응수하면 절대로 안
된다. 무브 토크에는 무브 토크로, 베이직 토크에는 베이직 토
크로 대답한다.

이러한 공식은 상대가 노골적인 무브 토크를 하면서 함부로
말을 뱉을 때에도 해당된다. 수직적 소통 맥락에서는 보여주기

식의 무브 토크가 언어라는 배경 음악보다 의미가 더 크다. 제호퍼의 공간적 공격—내가 연설대를 점령하고 있으며 당신을 1미터 떨어진 곳에 서 있게 한다—은 이에 상응하는 공간적 행위로만 대적할 수 있다. 내가 메르켈 총리에게 권하고 싶은 행동은 가만히 서 있지 말고 제호퍼 쪽으로 천천히 두세 걸음 가까이 다가가는 것이다. 그녀가 제호퍼 옆에 가까이—내 말뜻은 정말로 가까이!—바짝 붙어 서 있었다면 이러한 불편한 밀착만으로도 이미 엄청난 효과가 있었을 것이다. 이렇게 하면 상대의 말에 귀 기울이는 자세를 충분히 복구시킬 수 있다. 메르켈이 가까이 다가갔다면, 분명히 제호퍼는 말을 잠깐 중단했거나 메르켈이 내용적으로 뭔가 할 말이 있는지 물어봤을 것이다. 그렇게 되면 메르켈은 무대 위에 가만히 서 있는 불편한 상황에서 벗어날 수 있었을 것이다.

이것이 아마 가장 결정적인 방법이었을 것이다. 하지만 상황이 여의치 않았다면 그녀는 자신만의 무브 토크로 그의 말을 중단시켰을 수도 있다. 이때 물론 하이 토크 논리로 기사당 대표인 그의 말을 중단시키고 사람들 앞에서 그를 바보 취급해서는 안 된다.

수직적인 사람들에게 어떤 상처도 주지 않으면서도 그들의 주의를 곧바로 환기시킬 수 있는 그런 말이어야 한다. 물론 이러한 말은 지위를 지향하는 시스템에서는 명백히 지위와 관련된 발언뿐이다.

메르켈이 제호퍼 곁에 바짝 붙어 서서 그에게 웃으면서 이렇게 말하면 그는 불안해할 것이다. '당신은 기사당 대표입니다' 잠깐 멈춘다. '나는 기민당 대표입니다.' 또 잠깐 멈춘다. 하지만 상냥함은 계속 유지한다. 그러나 긴장은 점점 고조된다. 자, 이제 무엇을 해야 할까? 그렇다. 계속해서 베이직 토크를 한다. '저는 다르게 생각합니다.' 그리고 더 말하지 않는다! 이미 이것만으로 메르켈은 우위를 차지한다. 이러한 움직임만으로도 그녀는 가만히 듣고 있어야만 하는 역할에서 벗어나 그와 눈높이를 맞출 수 있다. 평소 메르켈답게 화해의 분위기를 조성하며 이렇게 한마디 더 덧붙일 수도 있다. '우리는 분명히 잘 타협할 수 있을 겁니다.'

수평적 소통에만 익숙한 많은 사람들은 이러한 식의 대응이 너무 단순하다고 생각한다. 언어적으로 이야기하는 사람에게 왜 신체적으로 반응해야 할까? 나의 지성적인 논거 능력은 어디에 있을까? 하지만 이러한 능력은 상대가 그 능력에 전혀 상관하지 않는 순간에 이미 1순위에서 밀려난다. 그리고 상황은 늘 무지한 자의 기교에 맞춰 흘러간다.

무브 토크는 움직임의 기술적 측면에서 보자면 크게 소리치는 것과 같은 행위를 의미한다. 수직적 시스템에서 무브 토크는 지적당하지 않고 무시될 수 있다. 이를테면 한 여교수가 강의를 하고 있는데 한 학생이 그녀와 아주 가까운 자리에서 계속 움직이면서 아이패드로 시끄럽게 셔터 소리를 내며 여러 각도에서 사진을 찍는다. 여교수는 조용히 넘어가려는 마음에 이러한 무브 토크를 묵인할 수 있다. 하지만 그 결과 강의가 엉망이 되고 만다. 제호퍼가 이러한 식의 무브 토크로 메르켈을 짓누르는데도 상관하지 않는다면 그녀는 분명히 제압당할 것이다. 이때 어떤 반응을 보이는 것이 그렇게 힘든 일은 아니었을 것이다. 그저 익숙하지 않을 뿐이다.

2006년 5월 28일 유쾌하면서도 계몽적인 방식으로 이러한 무브 토크 메커니즘을 보여주는 또 다른 대단한 장면이 독일 TV를 통해 모든 사람들에게 공개되었다. 독일 전역에서 유명한 퀴즈쇼 '누가 백만장자가 되고 싶은가?'의 연예인 특별판 방송에서 엔터테이너 하페 케르켈링과 진행자 귄터 야우흐가 마주했을 때였다. '호르스트 슐래머'(하페 케르켈링이 연기하는 가공인물로 부정부패를 폭로하는 탐사 보도 기자다-옮긴이)로 분장한 케르켈링은 평소 때처럼 차분하고 조심스럽게 무대에 등장한 야우흐에게 사전에 전혀 협의하지 않은 채 허물없이 절친한 사이인 것처럼 대하고, 그에게 소위 러브 샷(서로 팔을 교차해서 마시기-

옮긴이)과 볼 키스를 강요하기도 했다. 9번째 퀴즈 질문이 나온 후 케르켈링/슐래머는 등이 아프다는 이유로 자리에서 일어나더니 진행자 야우흐에게 그의 자리에 한번 앉게 해달라고 요청했다. 야우흐는 아주 천진난만하게 그의 부탁을 들어주었다. 하지만 그때부터 야우흐는 곤경에 빠졌다. 말하자면 쿠데타가 벌어진 것이다.

케르켈링/슐래머는 계속해서 야우흐의 자리에서 일어나려고 하지 않았다. 더군다나 자신이 퀴즈를 내는 진행자인 양 행동하면서 계속 이어지는 퀴즈 문제를 야우흐에게 답하도록 했다. 케르켈링의 뻔뻔한 무브 토크는 야우흐를 당황하고 경직되게 만들었고 위계적 역할을 완전히 뒤바꾸어 놓았다. 의도된 공간 연출(이 퀴즈쇼의 게스트는 당신이다. 그러니까 당신이 여기에 앉는다)이 중단된 것이다. 이 퀴즈쇼에서 교장 위치에 있던 야우흐는 굴종적인 퀴즈 응답자로 돌연히 전락했고, 자신의 규칙이 본인에게 불리하게 작용하도록 허용할 수밖에 없었다. 그는 행위의 지배권을 완전히 빼앗겼다. 오로지 의자를 바꿔 앉은 무브 토크 행위 때문에 말이다.

나는 여러 분야의 다양한 상황에서 상대가 무브 토크와 베이직 토크가 지닌 막강한 효과를 누리는 것을 수없이 직접 보았다. 다음 장에서 나는 이에 관한 마지막 사례를 여러분에게 제시하려고 한다. 이번에는 거대한 정치판이 아니라 연구실이다. 이와 같은 소통 방식이 얼마나 만연해 있는지를 다시 한 번 보여주기 위해서다. 어떤 분야든, 어떤 사람들이든, 어떤 내용적 주제든 상관없이 무지한 자들의 기술은 도처에서 작용하고 있다.

6

앞무대의 법칙

혹은 :
진로를 미리 설정하는 방법

무대에서의 행동

이번에는 북독일의 한 대형 대학의 연구실이 무대다. 이 연구실에는 실습생들이 늘 함께 일하고 있다. 이날은 1학기의 한 대학생이 실습생이다. 그는 상당히 자신감이 넘쳐 보이지만, 실제로는 아는 것이 전혀 없다. 그리고 전형적으로 수직적인 사람이다. 오늘은 우연히 연구실 여실장이 그에게 현미경 사용법을 직접 보여준다. 그녀는 실습생보다 나이가 훨씬 많으며 박사 학위를 딴 노련한 학자다.

여실장은 실습생에게 짧게 인사를 하고 작업대 앞에 앉는다. 그녀 앞에는 현미경이 놓여 있다. 실습생은 그녀 옆에 서서 그녀를 바라본다. 그녀는 현미경 작업에서 유념해야 할 점, 표본을 조심스럽게 다루는 법, 위생 문제 등에 대해 그에게 상세히 설명한다. 그녀가 설명을 마치자 실습생은 히죽히죽 웃으며 거만하게 그녀의 어깨를 치면서 말한다. "잘했어요!"

그러자 그녀는—여전히 앉은 상태에서—기분이 상하고 당황해하며 "우리가 여기서 그렇게 잘한 거는 없는데."라는 말을 억지로 쥐어짜듯 내뱉었다. 그는 히죽거리며 어깨를 으쓱한다. 놀랄 일도 아니겠지만 이 실습생과 함께 한 학기는 그야말로 재앙이었다.

우리는 이 상황을 대역 파트너와 함께 워크숍에서 몇 차례 재연해 본 후 다음과 같은 해결책을 얻었다. 그 과정을 설명하자면, 우리는 실습생이 여실장의 어깨를 두드리는 장면까지 실례에서처럼 똑같이 진행한다. 하지만 그 다음 장면에서 여실장이 천천히 자리에서 일어나 말없이 그의 앞에 선다. 그녀는 웃지 않고 그저 이렇게 말한다. "당신은 1학기 대학생이에요." 잠깐 말을 멈춘다. "나는 연구실 실장이에요." 또 잠깐 멈춘다. 이미 '대학생'이라는 말에 그의 히죽거림은 완전히 사라진다. 그녀가 계속 말한다. "여기서는 그렇게 하면 안 돼요." 대학생은 황급히 고개를 끄덕인다. 이렇게 상황이 종료되었다.

실습생은 이제부터 여실장에게 완전히 정중하게 대한다.

여실장은 어떤 수단으로 정중함을 얻었는가? a) 무브 토크를 통해서다. 이 사례에서는 천천히 일어나서 상대 앞에 바짝 붙어서 서 있는 행동이다. 그다음으로는 b) 상대의 지위에 대한 발언(실제 해당 지위에 대한 발언이어야 한다)과 자신의 지위로 대항한다. 이를 통해 위계 지향적인 상대가 실제로 주의를 기울일 가능성이 높아진다. 마지막으로 c) 베이직 토크를 한다. 이러한 연구실에서 어떤 행동규범을 유념하는 것이 바람직한지에 대한 상세한 서술을 하는 것이 아니다. 짧고 간단하게 진술한다. "여기서는 그렇게 하면 안 돼요." 딱 다섯 마디면 된다.

이러한 메시지 뒤에는 문법적으로 쉼표와 같은 기호가 붙으면 안 된다. 그렇게 되면 뒤에 설명하는 어떤 내용이 이어지기 때문이다. 그렇다. 이 문장은 마침표로 끝나야 하며, 그다음에는 어떤 말도 붙이면 안 된다. 상대가 그래도 뭔가를 말하려고 한다면(이러한 경우는 드물지만) 똑같은 말을 한 번 더 반복하는 것으로 충분하다.

이러한 대응은 동등한 지위에 있는 사람들에게서도 효과가 있다. 먼저 그들의 지위를 인정해 주고('당신은 부장입니다.'), 그다음에 본인의 지위를 대조시킨다면('나는 실무 담당자입니다.') 어떠한 비판('우리는 이 문제를 다르게 해결해야 합니다.')도 용서된다.

지위를 인정하거나 혹은 지위 발언을 할 경우에 베이직 토크와 무브 토크를 할 때처럼 몇 가지 기술적 세부사항을 유념해야 한다. 이 사항들을 참작한다면 전체적으로 더 큰 효과를 얻게 되며, 무지한 자들의 기술이 점점 더 진정한 소통 기술이 될 수 있다.

특히 수직적 소통이 생소한 사람들은 무지한 자들의 기술에 접근하기 위해 다음과 같은 생각을 하는 단계가 매우 중요하다. 즉 '우리는 이 책에서 기술되는 장면들을 의식적으로 무대 위에서 행동해 보아야 한다.'는 생각이다. 이러한 장면들은 직업적 삶 어느 곳에서든지 나타나며, 이미 어떤 공간에 다른 사람이 한 명이라도 있는 경우에, 특히 그 사람이 지위에 관심을 갖고 소통하는 사람이라면 더욱 그러하다. 무대 성격은 대형 사무실에서의 미팅에서부터 수백만 명의 청중들이 보는 화면 설정에 이르기까지 보는 사람들이 많을수록 더 뚜렷해진다.

하지만 우리가 소통하는 범주가 친숙한 사적인 공간이 아니라 어느 정도 커다란 무대일 경우에는 소통의 변화가, 그것도 아주 큰 변화가 요구된다는 사실은 매우 분명하다. 이를테면 무대에서는 평소보다 더 크게 말해야 한다. 그렇게 하지 않으면 맨 뒷자리까지 소리가 들리지 않는다. 또한 아무리 말을 많이 해야 해도 보통 때보다 천천히 말해야 한다. 그렇지 않으면 말로 상대를 제압하지 못하기 때문이다. 그저 말만 늘어놓는 꼴이 된다. 특히 무대 위에서는 잠시 멈추는 휴지기가 큰 의미를 갖는다. 무대 위에서 쉼 없이 빠른 속도로, 게다가 몸도 거의 움직이지 않고 내뱉는 말은 그 효력을 완전히 상실한다. 이런 말은 커튼 뒤에서 일하는 무대 작업자나 할 수 있다. 하지만 초연에서 무대 조명을 받는 주인공은 그렇게 하면 안 된다.

이러한 모든 무대 기술적 규칙은 수직적 시스템으로 소통하는 대화 상대와의 갈등에도 똑같이 적용된다. 그러한 사람들은 빠른 말속도와 빠른 몸동작을 자발적으로 자신의 지위를 낮추는 신호라고 인지한다. 반면 말과 동작에 휴지기를 넣어 천천히 말하는 행위를 막강하다고 느낀다. 그 내용이 무엇이든 전혀 상관없이 말이다.

이러한 점에서 볼 때 앞의 사례에서 연구실 여실장이 작은 목소리로 말하거나(눈에 띄지 않으려고) 아주 빨리 말하는(상황을 빨리 종료시키기 위해서) 행위에 대해 생각해 볼 여지가 매우 크다. 이 두 가지 행위는 실습생에게 지위에 대한 의식을 전달할 가능성이 매우 낮으며, 실습생이 여실장의 권위를 침범할 계기를 강화시킨다.

만약 여실장이 실습생에게(무브 토크를 성공적으로 한 후에) 지위를 분명하게 알려주는 발언을 한다면 '큰 소리로 천천히'라는 규칙이 효력을 나타낸다. "당신은 1학기 대학생이에요, 나는 연구실 실장이에요." 이렇게 순식간에 말하고, '휴우, 됐다. 이제 커피나 한 잔 마셔야지.'라는 생각을 가지는 것은 바람직하지 않다. 오히려 '당신은 (잠깐 멈춤) 1 (잠깐 멈춤) 학기 (잠깐 멈춤) 대학생 (잠깐 멈춤) 이에요.' 이렇게 연기하듯 말해야 한다! 그러면 모두가 바라보고 모두가 귀를 기울이며 모두가 숨을 멈춘다. 그 누구보다도 실습생이라면 더욱 그렇다. 그리고 계속해서 또박또박 말한다. '나는 (잠깐 멈춤) 연구실 (잠깐 멈춤) 실장 (잠깐 멈춤) 이에요.'

이렇게 상호 지위 관계를 명확히 규명하는 말은 수직적인 사람들의 주의를 끄는 작용을 한다. 말도 많은데다가 빨리 말하는 사람들에게는 이렇게 전략적으로 천천히 말하는 행위가 진정한 도전처럼 느껴진다. 외국어를 유창하게 말하려면 연습이 필요하듯이 천천히 말하는 것도 연습 없이는 습득할 수 없다.

샴푸 공주

그런데 공동체 의식을 뚜렷하게 가진 사람들에게는 넘어야 할 작은 장애물이 또 하나 있다. 그들의 수평적 시스템에서는 유대감에 큰 가치가 부여되기 때문에 그들은 명시적인 지위 메시지를 극히 불쾌하고 수치스럽게 여긴다. 그들은 지위와 관련된 말을 직접적으로 드러내서 하려고 하지 않고 오히려 암시적으로 표현하려고 한다. 이를테면 '여기에는 늘 실습생들이 있잖아.'와 같이 말한다. 이러한 말로 '너는 그저 여러 실습생들 중 한 명이니 그렇게 잘난 체하지 말라'는 뜻을 전달하려고 한다. '나는 연구실 운영을 책임지고 있어요.', '나는 정부 운영을 담당하고 있어요.', '저는 이사회에 소속되어 있어요.' 대체로 이러한 암시적 내용으로는 수직적인 사람들을 사로잡지 못한다. 내가 나의 지위를 티내지 않는다면 과연 그러한 사람들이 호감을 갖고 나를 인정하고 존중해 줄까?

이러한 간접적 메시지는 수평적으로 소통하는 사람들만 존재하는 환경에서는 의도한 내용 그대로 신속하게 전달되며 실제로 공감을 얻는 경우가 많다. 하지만 간혹 이러한 메시지마저 전혀 탐지되지 못할 정도로 간접적이다. 그렇기 때문에 수직적인 시스템에서는 그러한 간접적인 뉘앙스가 절대로 인지될리가 없다.

그러므로 지위 발언은 a) 명시적이어야 하며, b) 인물에 초점을 두어 명사로 표현되어야 한다. 중립적으로 우회하는 발언은 바람직하지 않다. '당신은 아직 대학 공부를 하고 있잖아요.'라는 표현 대신 '1학기 대학생'이라는 분명한 지위를 말해야 한다. 인물에 초점을 두지 않고 슬쩍 비켜가는 발언도 안 된다. '나는 이 부서가 잘 운영될 수 있도록 전념하고 있어요.' 대신에 인물에 직접 지위 명사를 이용하여 표현한다. '나는 실장이에요.' 이렇게 말하면 상대는 나를 진지하게 받아들인다.

일상적으로 지위 문제는 한 공간에서 소통이 시작되는 초반부터 이미 존재한다. 특히 위계를 중시하는 사람들 사이에서는 더욱 그렇다. 그들은 지위가 명시되지 않는 한 불안감이나 불쾌감까지 느낀다. 그래서 뻔뻔하게 상대의 지위를 물어보기도 한다. 이러한 물음 속에는 다음과 같은 요청 사항이 포함되어 있다. '그러니 분명히 알려달란 말이야! 내가 너를 어떻게 대할지 방향을 알려줘. 우리가 어떤 지위 관계인지 말이야! 그렇지 않으면 나는 한참 괴로워하며 그걸 알아내야 하잖아.' 바로 이러한 이유에서 오펠 사 회장은 신임 마케팅 담당자 티나 뮐러와의 첫 만남에서(!) 그녀가 이전 회사(헨켈 사)에서 '샴푸 요정'이라는 별명을 가진 것이 사실인지 묻는다.

오펠 사 회장은 이러한 무례함으로 무엇을 얻고자 했을까? 바로 분명한 규명이다. 만약 그녀가 감정이 상해서 '그런 무례함을 참을 수가 없군요!'라는 뜻이 담긴 대답을 했다면 핵심적 내용이 전달되지 않았을 것이다. 만약 그녀가 '당신은 회장입니다… 저는 신임 마케팅 담당자입니다… 에티켓은 상관없습니다.'라고 또박또박 말했다면, 혹은 이와 비슷한 베이직 토크로 말했다면 이 메시지는 지위를 중시하는 회장에게 적합했을 것이며, 분명히 불쾌하게 받아들이지도 않았을 것이다. 무지한 자의 기술이 담긴 이러한 말로 그녀는 장차 회장과의 훌륭한 협업을 위한 입지를 미리 탄탄하게 굳힐 수 있을 것이다.

공공연한 정치 환경에서도 마찬가지다. 독일 사민당의 지그마 가브리엘은 이와 관련된 훌륭한 실례를 제공했다. 당시 경제부 장관이자 사민당 대표였던 지그마 가브리엘이 2014년에 신임 사무총장 야스민 파히미를 소개할 때였다. 체구가 큰 가브리엘은 연방 기자회견의 연설대에 서서 거의 10분 동안 연설을 한다. 그동안에 그의 옆에는 한 젊은 여성이 우두커니 서 있다. 가브리엘은 그녀에게 아무 말도 시키지 않는다. 말하자면 그녀는 그저 장식에 불과하다.

마침내 그는 그녀를 기자들에게 소개한다. 아하, 신임 사무총장이군. 이제 그녀는 드디어 연설대로 가서 직접 이야기를 할 기회를 얻는다. 그녀는 지위 메시지와 무브 토크로 명확하게 이야기를 시작한다. 그런데 내용이 점점 모호해지기 시작한다.

왜냐하면 파히미가 자신을 소개하면서 자신의 강점이 '팀워크'라고 강조하기 때문이다. 말하자면 그녀는 수평적 시스템을 보여주고 있는 것이다. 그런데 객관적으로 볼 때 사무총장 자리는 단체 업무를 하는 직책이 아니다.

이러한 그녀의 발언은 수직적인 성향의 상사에게 둘 사이의 수직적 관계를 명백히 보여주기에는 충분하지 않다. 기자단 중 누군가가 사민당이 구동독 연방주에서도 좌파 진영의 장관을 관대히 허용할지에 대해 그녀에게 묻자 그녀는 요령 있게 돌려서 말하기 시작한다('솔직하게 말하자면 그렇습니다. 하지만 연방 차원에서 볼 때는…'). 그때 가브리엘은 파히미의 말을 중단시키고 질문을 제기한 기자를 바라보면서 아주 천천히 그리고 또박또박 말한다. "당신의 질문에 대해 답하자면, 그 문제는 주 위원회에서 결정할 일이라는 겁니다." 그러자 파히미의 얼굴에서 웃음이 사라졌다. 가브리엘은 모든 대형 언론사들이 모인 자리에서 노골적으로 그녀의 말을 끊었다.

그리고 이 소개 자리에서 시작된 이러한 관계는 앞으로의 모든 업무 관계에서도 이어진다. 파히미는 그저 일만 묵묵히 하고, 가브리엘은 그녀를 그저 업무 보조자로 생각한다. 결국 지친 파히미는 불과 2년 후에 노동부로 자리를 옮긴다.

사무보다는 총장을 강조하다

반면 파히미의 후임자 카타리나 발리는 이미 자신을 소개하는 자리에서 파히미보다 더 훌륭한 연출을 보여주며, 심지어 베이직 토크와 무브 토크, 지위 메시지를 조합시키기까지 한다. 그녀가 신임 사무총장으로 소개되는 자리에서(이번에도 가브리엘의 비호 하에) 그녀는 가브리엘이 말하는 동안 처음에는 홀의 가장자리에 서 있다. 그가 말을 끝내자 비로소 그녀는 그의 옆에 선다. 그가 그녀를 짧게 소개한 후 그녀가 직접 자신을 소개한다. 특히 그녀는 자신이 '매우 객관적으로 생각하는 사람'이며, '공격 부대'의 역할도 할 수 있다고 말한다. 이런!

대하기가 그렇게 쉽지만은 않은 당 대표와 어떻게 교류할 생각인지를 묻는 기자의 질문에 발리는 이렇게 대답한다. 즉 그녀는 모난 사람들하고는 전혀 문제없지만, '벽에 못을 박지 못하는 사람들'은 좋아하지 않는다고 대답한다. 이 말을 들은 가브리엘은 순간적으로 왠지 자신을 두고 하는 말인 것 같다는 느낌을 받고 익살스럽게 발언한다. "통보는 아니겠지요?" 그러자 발리는 자신의 수직적 상대의 말문을 곧장 막아버리는 능숙한 베이직 토크로 대답한다. "한번 두고 보죠."

이 말에서 그녀의 전임자였던 파히미가 말하지 못했던 자주적인 어조를 느낄 수 있다. 이 상황에서 발리가 자신이 가브리엘에 예속되어 있지 않고 그와 같은 눈높이에 있음을 보다 명확하게 드러내기를 원했다면 짧은 지위 발언을 추가하는 것으로 아주 충분했을 것이다. "한번 두고 보죠… 당신은 당대표입니다. 그리고 저는 사무총장입니다." 이때 '총장'이라는 단어를 강조해서 말한다. 몇 년 후 발리는 놀라울 정도로 빠른 시간에 연방법무장관이 되었고 가브리엘은 더 이상 아무 직책도 맡지 못했다.

지위를 즉시 명확하게 드러내주는 호칭은 당연히 이름을 부르는 단순한 호칭과는 완전히 다르다. 특히 '수직적으로 소통하는 사람들'에게는 더욱 그러하다. 힐러리가 끊임없이 '도널드'라고 부르면서 그를 견책한다면 그녀는 유대감의 메시지를 제공하는 것이다. 이러한 메시지는 공동체 의식을 지향하는 사람들 사이에서 잘 통하고 높은 평가를 받기도 한다. 유감스럽게도 이러한 개인적인 호칭은 위계를 좋아하는 사람들에게 의도하지 않은 완전히 다른 효과를 나타낸다. 말하자면 그러한 사람들에게 이름을 부를 경우 그들은 상대의 생각을 진지하게 받아들이지 않는다. 반면 수평적으로 소통하는 사람들은 이름을 부르는 호칭을 유대감과 평등의 신호라고 생각한다. 하지만 유감스럽게도 수직적 관계를 지향하는 상대는 유대감 따위에는 전혀 관심이 없다.

특이하게도 도널드는 세 번의 대선 토론 동안 힐러리의 이름을 거의 부르지 않았다. 오히려 그는 '클린턴 장관'이라는 거리감 있는 직책 호칭을 자주 사용했다. 또한 그는 그녀에게 직접 말을 걸지 않고, 마치 그녀가 같은 자리에 없는 것처럼 그녀에 대해 이야기했다('그녀는 방금… 그녀는 이제…'). 반면 힐러리는 계속해서 그에게 직접 말을 걸면서도 지위나 직업을 나타내는 호칭은 전혀 사용하지 않는다.

수직적으로 소통하는 상대를 대화 초반부터 제압하려면 지위 메시지를 사용하는 것이 가장 빠르다. 이를테면 '당신은 대통령 후보자입니다.' 혹은 '당신은 부동산 사업가입니다.'와 같이 말하거나 '총리', '대학생' 등과 같은 단어를 사용해야 한다. 하지만 '도널드'나 '호르스트', '지그마'라는 이름 호칭을 절대로 사용해서는 안 된다. 특히 무대에서라면 더욱 그래서는 안 된다! 도널드나 호르스트, 지그마가 확실히 무지한 자처럼 행동하는 무대에서는 말이다.

7

두 시스템을
넘나드는 용기

혹은 :

일본어가 악하지 않은 이유

조기 경보 체계

무슨 말인지 알아듣기 힘들게 말하는 사람을 얕보기는 참 쉽다. 이는 데보라 태넌이 밝혀낸 것처럼 언어 체계가 서로 다른 사람들 사이에서도 마찬가지다. 수직적으로 소통하는 사람들은 누가 어떤 지위에 있는지, 주어진 공간이 어떤 속성의 공간인지가 불분명한 상태에서 수평적으로 소통하는 상대가 큰 유대감을 표하거나 내용적인 면에만 초점을 둘 경우 신경에 거슬린다. 이를테면 '쓸데없는 소리 하고 있군.' 혹은 '그리 센 상대는 아니군.' 등의 생각을 한다.

반면 수평적으로 소통하는 사람들은 상대가 본질적인 문제나 정중한 예의에 전혀 관심을 두지 않고 불쾌할 정도로 자신의 지위를 으스대며 내보이고 거만하게 굴 경우 상당히 빨리 격분한다. 그들은 이러한 행동을 보면 성급하게 상대가 무지한 사람이라고 판단하고 질책한다.

실제로 수직적 소통과 수평적 소통이라는 이 두 시스템은 서로 물리치기 어려운 상대일지도 모른다. 두 시스템은 각각의 장점과 단점을 지닌다. 하지만 자신이 어느 시스템에 속해 있는지를 전혀 인식하지 못하거나 자신이 속한 시스템이 전혀 인정받지 못할 경우('저들은 다른 것이 아니라 악의적이다.') 당연히 뜻이 전달되기는 무척 어렵다. 그렇게 되면 양쪽은 서로 다른 이야기를 하게 되고 결국 아무 결과도 얻지 못한다. 또한 직업적인 성공의 길이 막히거나 외교적 스캔들을 야기하기도 한다.

논리만 펴는 사람은 이기지 못한다. 그 이유는 간단하다. 소통의 다른 많은 가능성들을 인정하지 않기 때문이다. 반대로 무브 토크나 베이직 토크만 하는 사람은 자신의 뜻을 성취할 수는 있겠지만, 정치적인 하지만 사안과는 거리가 먼 행위에 너무 많은 시간과 에너지를 쏟게 된다. 오로지 원하는 결과를 얻겠다는 이유로, 그렇다고 그것이 최상의 결과도 아니면서 말이다.

트럼프나 제호퍼, 무례한 상사, 자격도 없으면서 권위만 내세우는 상관들 앞에서 냉철하게 거리감을 두는 것은 어려운 일이다. 그런데 이 사람들 역시 어떤 악의를 품고 그러한 행동을 하는 것이 아닐 가능성이 크다. 말하자면 그들이 이러한 행동을 하는 이유는 악의가 있어서라기보다는 수십 년 동안 습득한 자신의 소통 습관을 따르기 때문이다. 그들은 자신이 생각하는 것보다 스스로를 제대로 감독하지 못한다. 이 사실을 자각하기란 매우 어렵다. 하지만 전문성을 갖추고 싶다면 두 시스템 사이를 넘나들 수 있는 대담한 마음가짐이 필요하다.

그러기 위해서는 각 시스템의 진단적 신호를 인식할 수 있어야 하며, 낯선 소통 언어를—일시적으로—감행할 준비가 되어 있어야 한다. 자신이 원하는 것, 이를테면 유대감이나 존중 등을 얻기 위해서는 말이다.

이러한 신호를 진단하기는 전혀 어렵지 않다. 대부분의 경우 만남이 시작되는 첫 10분 동안 상대를 주의 깊게 인지하는 것으로도 충분하기 때문이다. 이미 이 짧은 시간 동안 수많은 신호들이 나타나는데, 이 신호들이 각각 어느 시스템에 속하는지 쉽게 판단할 수 있다.

수평적 소통의 신호

신호 1 - 조력 메시지

회의실에 가장 먼저 들어와서 자리에 앉아 말없이 회의 자료를 심도 있게 보거나(오늘 회의 주제가 까다롭기 때문에) 발표 준비를 위해 서류를 한 장씩 넘겨가며 읽거나 프레젠테이션 기법을 집중적으로 체크한다.

신호 2 - 빠른 속도

빠른 총총걸음으로 급하게 회의실에 들어와서 스마트폰으로 메일 몇 개를 보내고 회의가 시작될 때까지 계속 무언가를 한다.

신호 3 - 스텔스 모드

회의실에 들어와서 눈에 띄지 않게 행동한다. 비어 있는 가장 가까운 자리로 벽을 따라 무심하게 이동한다. 시선도 거의 마주치지 않는다. 앉아서도 신체 동작을 가급적 최소화한다(해당 주제 차례가 될 때 내가 얼마나 철저하게 준비했는지 당신들은 곧 보게 될 것이다).

————

수직적 소통의 신호

신호 1 - 먼저 지위 규명부터

눈을 마주치며 인사를 할 때 이미 자신이 어떤 지위(기업/정치)에 있는지 알린다. 간혹 이름보다 지위를 먼저 말하기도 한다. 상대가 지위를 밝히지 않고 이름만 말할 경우 확실하게 지위를 묻는다.

신호 2 - 슬로우 모션 등장

회의실에 천천히 들어와서 일단 주위를 둘러본다. 잠깐 서
있다가 천천히(!) 누군가를 향해 다가가면서 그 사람 옆에
도착하기도 전에 이미 큰 소리로 인사한다(관계없는 다른 사람
들도 알아들을 수 있도록).

신호 3 - 영역 확보

아주 조용히 자리에 앉아서(회의가 이미 시작했어도) 회의 자료
를 테이블 위에 활짝 펼쳐놓고 아래팔을 테이블에 올린다.

위 내용은 각 시스템의 징후에 대한 완전한 체크리스트는 아
니지만, 대략적인 성향에 대해서는 분명히 알 수 있다. 말하자
면 속도와 공간행동이 우선적인 진단 기준이 된다.

물론 각 시스템에 속해 있는 당사자 본인은 다르게 판단할
수 있다. 이를테면 수평적으로 소통하는 사람들은 자신들의 **빠
른** 동작과 **빠른** 말 속도를 힘과 에너지의 신호라고 생각한다.

반면 위계를 중시하는 사람들은 느린 속도를 정치적 비중이 높다는 신호라고 이해하며 빠른 속도는 조력자 신분을 나타내는 신호라고 생각한다.

수직적으로 소통하는 사람들은 공간을 장악하는 움직임을 정상적이고 기분 좋게 여기는 반면 공동체 의식을 중시하는 수평적 사람들은 이러한 움직임을 몹시 소란스럽고 지나치게 우쭐대며 유치하다고 생각한다. 또한 지위를 중시하는 사람들에게 지위를 묻거나 '중요한' 사람들을 인지하는 행동은 '선택사항'이 아니라 지극히 중요한 '필수사항'이다. 반면 수평적으로 소통하는 사람들에게는 이러한 행동이 아주 낡은 것으로 치부된다.

도대체 누가 옳은 것일까? 아주 도발적으로 질문하자면, 누가 무지한 자일까?

전환을 도전하다

이제 문제가 조금 까다로워진다. 하지만 우리는 이를 면할 길이 없다. 말하자면 '무지한 자들'과 대화하는 방법에 대한 물음은 일방통행로가 아니다. 다시 말해 무지함은 양측 모두에 관여되어 있다. 우리는 이 불편한 진실을 마주해야 한다. 그렇지 않으면 우리는 두 시스템을 넘나들지 못하게 막는 도덕적인 선악의 고리에 갇혀 있어야 하기 때문이다.

내용과 유대감을 중시하는 사람들이 영역과 지위를 중시하는 사람들과 맞부딪히면 무지하다는 비난의 카드를 꺼낸다. 하지만 역으로도 똑같은 일이 벌어진다. 지위와 관할, 권리, 권력 관계를 먼저 명확하게 규명하려는 사람은 시종일관 논거만 말하는 사람들을 무지하다고 생각한다.

의사소통에 대해 매우 정확하게 분석한 시리 허스트베트는 이와 관련하여 다음과 같이 말했다. "인식은 본질적으로 보수적이고 편향되어 있으며, 우리가 세상을 이해하는 데 도움을 주는 일종의 고정된 틀이다. 대부분… 우리는 우리가 보기를 기대하는 것을 본다." 다만 유감스럽게도 실제 현실에서는 항상 그렇지는 않다. 마찬가지로 수평적인 사람들이든 수직적인 사람들이든 어디에서나 자신과 같은 부류의 사람을 기대한다.

이러한 함정에서 벗어나는 탈출구가 될 수 있는 것은 마치 판매원이 그렇듯이 기교적으로 전환하는 행동이다. 이를테면 한 여성 고객에게 무언가를 팔아야 하는 상황을 상상해 보자. 그러면 나는 내 앞에 서 있는 바로 이 사람을 있는 그대로 응대해야 한다. 독일어를 한마디도 못하는 일본 여성일 경우에는 내가 조금이라도 일본어 발음이나 문법 등 기본지식이 있어야만 응대가 가능하다(일본어를 완벽하게 구사할 필요는 없다). 그렇게 되면 내가 원하는 것을 그 사람에게서 얻을 수 있는 가능성이 높아진다.

물론 상대가 나에게 맞추어야 한다는 입장을 유지할 수도 있다. 그렇다면 어떤 상황이 발생할 때까지 오랫동안 기다려야 한다. 물론 그러는 사이에 익숙한 나의 언어 시스템이 옳다는 감정에 도취될 수 있다(어쩌면 내 주변의 다른 모든 사람들도 똑같이 생각한다는 확신이 들 수도 있다). 이를테면 수평적으로 소통하는 사람들은 자신이 상대의 지위 놀이에 응해야 할 경우 격분하면서 이렇게 말한다. '나는 그런 말도 안 되는 쇼를 결코 할 수 없어!' 다른 한편으로 수직적으로 소통하는 사람들은 전문적인 직업적 상황에서 상호 관계를 중시하는 말들을 더 많이 해야 할 경우 신경이 곤두서서 이렇게 말한다. '이런 말도 안 되는 상황은 뭐지?!'

그런데 여기서 개인적인 것(누가 옳은가?)보다 각기 다른 언어 시스템(독일어 대 일본어)이 문제가 된다고 한번 가정해 보자. 그럴 경우 격분하거나 신경이 곤두서는 감정이 사라질 수 있다. 다시 말해 생소한 언어 시스템에 도덕적 비난을 하는 것은 아무 의미가 없다. 숄츠 장관은 베이직 토크를 하면서 상대를 경시하려는 의도가 전혀 없다. 사장은 자신이 내 말을 중단시키면 내가 참지 못한다는 것을 알면서도 그렇게 한다. 말을 끊는 이러한 행동이 그의 시스템에서는 순전히 공명정대한 행위이기 때문이다. 실습생은 낯선 조직의 틀 안에서 절실하게 자신의 입지를 굳혀야 하기 때문에 뻔뻔스럽게 행동하지 않는다.

이러한 배경에서 정말로 똑똑한 처신은 이를테면 이중 언어를 구사하는 것이다. 내 앞에 누가 있는지에 따라 필요할 경우 전환을 실행할 수 있어야 한다. 수직적으로 소통하는 사람들과는 수직적으로, 수평적으로 소통하는 사람들과는 수평적으로 소통할 수 있어야 한다. 물론 영원히 그래야 한다는 것이 아니라 상대가 나를 진지하게 받아들이고 나를 존중해 줄 때까지 그러라는 것이다.

자신의 진짜 모습을 철저히 옹호하는 사람들은 이쯤에서 이의를 제기할 수도 있다(그리고 정말로 그렇게 한다). 내가 이러한 수직적 혹은 수평적인 시스템과 같은 낯설고 생소한 것을 행해야 한다면, 나는 여전히 나 자신일 수 있을까? 나는 지금껏 직장 생활을 하면서 권력 다툼을 진부하고 멍청한 것이라 여기고 되도록 피해왔는데, 이제 와서 내가 하필이면 그러한 권력 싸움에 관여해야 한다고? 내가 큰 목소리로 모든 회의실을 장악하고 나의 카리스마를 보여주는 등 정치적으로 지금까지 잘해

왔는데 갑자기 낮은 목소리로 개인적인 것을 이야기하라고? 아니면 곧바로 인신공격을 하지 말고 아주 객관적으로 사안에 대해 말하라고? 그건 내가 아니야. 다른 사람들이라면 그럴 수 있겠지만, 나는 아니야.

여기서 말하는 의도는 뇌를 싹 세척하거나 인성을 완전히 바꾸라는 뜻이 아니다. 상황에 맞게 행동하는 것이 무엇보다도 중요하다는 말이다. 나의 '모국어', 다시 말해 나의 고유한 소통 방식(수평적이든 수직적이든)을 부인하라고 강요하는 사람은 아무도 없다.

내가 아랍권 사람들과 관계할 경우를 대비하여 아랍어를 조금 배우는 행동이 나의 진짜 모습에 위배될까? 내가 성장하면서 사용한 언어에 속하지 않는 모든 것을 경시하는 행동이 진짜 나의 모습을 지키는 것일까? 이러한 점에서 볼 때 수직적으로 소통하는 상대를 대할 경우에는 지위를 알고 싶어 하는 상대의 욕구를 인지하고 이를 명확히 알려주고('당신은 1학기 대학생입니다… 나는 연구실 실장입니다.') 좀 더 침착한 모습을 보여줄 수 있다. 이렇게 지위를 규명하는 행위가 나에게는 필요하지 않겠지만, 상대는 그렇게 하고 싶어 한다. 반대로 수평적으로 소통하는 상대에게는—평소의 본인 행동과는 다르게—'제가 당신의 활동을 얼마나 높이 평가하는지 알잖아요. 하지만 우리는 이 사안에 대해서는 조금 바꿔야 합니다.'라는 말로 비판을 시작할 수 있다. 이 정도면 해 볼 만하지 않겠는가?

수직적 소통과 수평적 소통을 넘나드는 이러한 기술적 전환은 큰 차이를 만들어낸다. 무지한 자들을 이길 수 있는 열쇠는 그들의 기술을 성급하게 깎아내리거나 거만하게 자신의 습관만을 고수하는 대신 이를 직접적으로 실행하는 데에 있다. 이러한 전환을 훈련한다면 무지한 자들이 어떤 전략을 가지고 접근하든 더 이상 전혀 문제가 되지 않는다.

8

안개 기계

혹은 :
영공권을 장악하는 방법

분홍색 메모지

어떤 사람이 한 주제에 대해 이야기하기 시작한다. 그런데 그가 이 주제에 대해 본격적으로 이야기하려는 찰나에 상대가 느닷없이 주제를 바꾸고 중요하지 않은 내용을 장황하게 늘어놓는다. 그리고 갑자기 전혀 상관없는 질문을 던지거나 단편적인 문장으로 앞뒤가 안 맞는 주장을 내세운다. 그 결과 대화 상대는 당연히 혼란에 빠진다. 그리고 바로 이러한 결과는 의도된 것이다. 이러한 상황에 적절하게 반응하려면 일단 혼란 상태에서 빠져나와야 한다.

나는 이러한 고르디우스의 매듭(알렉산드로스 대왕이 칼로 잘랐다고 하는 전설 속의 매듭으로 '대담한 방법을 써야만 풀 수 있는 문제'를 뜻한다-옮긴이)을 어떻게 하면 자를 수 있는지를 스위스의 지방 자치(일종의 트럼프 축소판)에서 확인한 적이 있다. 당에서 활발한 활동을 하는 한 단체가 당원인 울리히에 대해 불만을 표현했다. 그가 한 식당의 별실에서 열리는 당 간부 모임에 정기적으로 참석해서 회의에 큰 지장을 주었다는 이유에서였다.

울리히는 큰 덩치에 회색 머리카락을 가진 중년 남성이었다. 그는 당 내부에서 뛰어난 네트워크와 막대한 정치적 영향력을 가지고 있었다. 하지만 울리히는 당 간부 구성원은 아니었기 때문에 이 모임에 참석할 자격은 전혀 없었다. 그럼에도 그는 사람들의 요청이 없는데도 자발적으로 간부 모임에 참석해서 의사일정과 전혀 상관없이 모든 주제에 대해 장황하게 늘어놓았다. 회의에 참석한 간부들은 호의를 보였고, 울리히가 회의를 모두 망쳐놓았어도 아무런 행동도 취하지 않았다.

이러한 상황이 발생할 때마다 어떤 한 사람이 울리히에게 짧은 비판적 질문을 반복적으로 하면서 분별 있는 행동을 하라고 매번 눈치를 주었다. 그 사람은 에르빈이었다. 에르빈은 에너지가 넘치는 젊은 교사로 지성적이고 공손한 사람이었다. 에르빈은 자신의 질문들로 울리히의 말을 중단시키려고 했다. 하지만 울리히는 에르빈이 질문을 할 때마다 이를 새로운 훈계를 하는 구실로 삼았다.

한번은 에르빈이 울리히의 장광설을 중단시킨 적이 있었다. 자세한 정황을 설명하자면 이때 에르빈은 의자에 등을 깊이 기대어 앉아 가슴을 앞으로 내밀고 어깨를 아래로 끌어내리고 있었다. 그러자 울리히는 곧바로 열변을 중단하고(에르빈이 아무 말도 하지 않았는데도) 에르빈에게 자신의 말을 경청하라고 요청했다. 그리고 말을 계속했다.

우리는 이 장면을 대역 파트너와 재연해 보았다. 울리히 대역이 에르빈과 함께 테이블에 앉아서 아무 문제없이 울리히와 똑같이 열변을 토했다. 그가 이야기하는 주제 자체는 전혀 중요하지 않다는 사실을 금방 알 수 있었다. 울리히의 목적은 자신의 열변으로 그저 영공권을 포섭하려고 했던 것이다. 말하자면 그의 열변은 영역을 주장하는 행위였다. 트럼프처럼 울리히는 사안에 대해 잘 알지도 못하면서 이 영역에서 쉴 새 없이 지껄이고, 무의미한 말들, 중요하지 않은 말들을 장황하게 늘어놓았다. 중간 중간 에르빈의 질문을 받았을 때에도 이를 또 다른 장광설의 구실로 삼을 뿐 전혀 말을 중단하지 않았다.

울리히 대역이 화장실에 갔을 때 에르빈은 그에게 당 간부회 규정에 대해 넌지시 이야기하면 어떨까 하는 생각을 했다. 이 규정에 따르면 울리히에게는 발언권이 없었지만, 다른 간부들은 아무 생각이 없었다. 그래서 나는 에르빈에게 무브 토크를 하도록 권했다. 그는 어느 정도 고민을 하고 나서 다음과 같이 했다. 울리히가 또 다시 장광설을 늘어놓자 조금 후 에르빈은 자신의 가방을 눈에 확 띄게 테이블 위에 올려놓고 가방을 열었다. 그러자 울리히는 곧바로—에르빈이 테이블에 앉아 있던 이후로 처음으로—그를 쳐다보았다. 나는 재연을 중단시키고 울리히에게 무슨 일인지 물었다. 울리히는 이렇게 대답했다. "저 사람이 지금 가방을 열고 있잖아요. 가방에서 뭘 꺼내는지 알고 싶어서요." 어찌됐든 울리히의 열변은 분명히 중단되었다 ('에르빈이 혹시 무기라도 꺼내는 것 아니야?').

또 다른 재연에서 에르빈은 정말로 무언가를 꺼내려고 했다. 그러자 잠시 울리히가 가방 쪽으로 잠깐 시선을 돌리기는 했다. 하지만 가방이 테이블 위에 있어도 그의 열변은 계속되었다. 에르빈은 마치 연극을 하듯이 분홍색의 작은 포스트잇 메모지를 의미심장하게 꺼냈다. 그는 울리히에게 말없이 메모지를 내밀었다. 울리히는 정전된 듯 갑자기 말을 멈췄다. 멈춰진 시간은 점점 길어졌지만, 울리히는 무슨 말을 해야 할지가 떠오르지 않는 것처럼 보였다. 내가 울리히에게 무슨 일인지 묻자 그는 나에게 이렇게 말했다. "음, 이 메모지는 … 거기에 무슨 내용이 쓰여 있는지 알고 싶어서요. … 저 메모지 때문에 당황스럽네요." 그리고 정말로 울리히는 당황해서 말을 멈췄다. 에르빈은 울리히의 방식으로 그를 당황하게 하고 멈추게 할 수 있었다. 그래야만 무지한 자들이 세운 안개 벽을 뚫고 나아갈 수 있다. 다시 말해 그들을 멈추게 할 수 있다. 정확히 말하자면 무브 토크를 먼저, 그 다음에 베이직 토크를 하는 효과적인 기술적 조합을 통해서 말이다. 무지한 자들의 이러한 기술이 역으로 그들 자신을 향한 것이다.

물론 이러한 방식은 일종의 내면적 허락을 필요로 한다. 특히 연대감을 나타내는 메시지나 내용적 가치에 막대한 의미가 부여되는 수평적 시스템에서는 대화 상대의 말을 끝까지 듣는 행위를 너무나도 당연하게 생각하기 때문이다. 화자와 청자 사이의 끊임없는 게임은 마치 미묘한 춤과 같다. 말하자면 네가 말한다, 나는 너에게 시선을 고정한다, 그리고 계속 고개를 끄덕이거나(네가 하는 말이 재미있어. 계속 해. 듣고 있어.) 간혹 네 이야기를 잘 듣고 있다는 소리를 내기도 하며(아하, 흠) 짧게 되묻기도 한다(진짜? 그 사람이 그렇게 말했어? 이상하네. 정말로? 등등). 그러다가 어느 순간 휴지기가 오면 상대에게로 바통이 넘어간다. 그러면 조금 전까지 화자였던 사람은 이제부터 청자가 된다.

수평적으로 소통하는 사람들 사이에서는 이렇게 대화가 진행된다. 하지만 수직적으로 소통하는 많은 사람들 사이에서는 그렇지 않다. 쉬지 않고 말하는 사람, 두서없이 아무렇게나 말하는 사람을 그저 공손하게 중단시키려는 사람, 다시 말해 상대가 말을 끝낼 때까지 기다리는 사람은 아무런 성과를 얻지 못한다. 그러한 상대가 말을 끝낼 리가 없으니 말이다. 정확히 이것이 바로 상대가 의도하는 바다.

TV를 팔다

무지한 자들의 왕인 트럼프 역시 이와 똑같이 행동한다. 보스턴대학 커뮤니케이션 칼리지의 에반 푸샤크는 트럼프가 출연했던 지미 키멜 쇼의 한 장면을 사례로 전형적인 트럼프의 대답 양상을 분석했다. 다시 말해 에반 푸샤크는 언어학적인 세부작업에서부터 단어 사용빈도를 통계학적으로 파악하기까지 트럼프의 대답을 분석했다. 키멜은 자신의 토크쇼에서 종교를 이유로 사람들을 차별하는 것이 '비 미국적'인지 트럼프에게 질문했다. 트럼프의 대답은 220개의 단어로 구성되었다.

트럼프는 어떤 단어들을 사용했을까? 푸샤크는 다음과 같은 결과를 확인했다. 트럼프의 대답에 사용된 220개의 단어들 중 172개는 단음절 단어였고, 39개의 단어들은 2음절로 이루어졌다. 3음절 단어는 딱 네 번 사용됐다. 그리고 이 네 번 중에서 세 번은 '엄청난'이라는 형용사가 차지했다. 4음절로 이루어진 단어는 딱 두 개였는데, 그중 하나는 잘 들리지 않게 말했고, 다른 하나는 고유명사였다. 지금까지 이처럼 단순한 언어 구조를 사용한 대통령 후보는 없었다.

문장의 문법적 구성도 마찬가지였다. 트럼프는 주로 주어와 서술어, 목적어로 구성된 단순한 문장을 구사했으며, 관계절이 사용된 문장(클린턴이 지속적으로 사용했던 문장)은 거의 사용하지 않았다. 말하자면 전형적인 베이직 토크다.

또한 트럼프가 청자에게 말을 걸 때 대부분 직접적인 요청 문장으로 시작한다는 점도 푸샤크의 관심을 끌었다. 이를테면 '한번 잘 들어 보세요, 어떻게…' 혹은 '자, 한번 보세요, 무엇이…'와 같은 문장이다. 트럼프는 실제로는 그렇지 않은데도 청자가 자신의 진술에 이미 동의했다고 가정하고 청자−경쟁 상대까지도!−를 끌어들인다. 그는 '당신도 직접 보셨잖아요, 어떻게…' 혹은 '당신도 사람들이 …라고 말하는 사실을 듣잖아요.'라고 말한다. 그의 말에 즉시 이의를 제기하지 않는 사람은 이미 트럼프가 벌이는 게임에 동참하고 있는 것이다.

특히 푸샤크의 이목을 끈 사실은 트럼프가 주로 자신의 문장을 거세고 공격적인 개념으로 끝맺는다는 것이었다. 예를 들면 '…우리 국가에 들어오는 사람들이 엄청난 해를 끼치려고 합니다.'와 같이 내용이 거의 없는 진술이다. 또한 트럼프는 통사론적으로 올바르지 않은 구문을 사용하기도 한다. 이를테면 그는 다음과 같은 단어로 문장을 끝낸다. "근본 원인을 찾을 때까지 문제를 해결할 수 없습니다(You can't solve a problem until you find out what's the root cause)." 이 문장의 올바른 종결 형태는 'until you find out what the root cause is.'일 것이다. 그리고 그는 'cause'라는 단어를 특히 크게 말하며 강조한다.

트럼프는 어떤 진술을 인용하여 말할 경우 간접 화법보다 직접 화법을 더 자주 사용한다. 직접 화법을 사용해야 문장에서는 맺는말에 더 큰 힘을 주어 말할 수 있기 때문이다. 이를테면 그는 '아주 많은 사람들이 나에게 고맙다는 말을 하려고 전화를 했습니다.'라고 말하지 않고 "…나에게 이렇게 말하려고 전화를 했습니다. '고맙습니다!'"라고 말한다.

다음과 같은 트럼프의 맺는말도 사람들에 깊은 인상을 남긴다. 트럼프는 지미 키멜에게 했던 대답 중 21개의 문장에서 다음과 같은 자극적인 단어로 문장을 끝마쳤다. '해harm', '죽음dead', '죽다die', '다친injured', '근본 원인root cause', '난장판bedlam' 그리고 '문제problem'라는 단어는 네 번 사용했다. 그의 대답 자체는 내용과 거리가 상당히 멀 뿐만 아니라 전혀 논리적이지도 않다.

이 같은 트럼프의 말하기 방식은 앙겔라 메르켈의 말하기와는 완전히 다른 방식이다. 사람들은 앙겔라 메르켈이 했던 말을 나중에 시간이 지났을 때 제대로 기억하지 못한다. 그녀가 실제로 하이 토크를 포기했던 몇 차례의 드문 경우를 제외하고는 말이다. 이를테면 '우리는 할 수 있습니다Wir schaffen das'와 같은 말이다. 이는 오직 세 단어로 이루어진 상당히 성공적인 베이직 토크다. 이러한 말을 한 후 독일 전체가 몇 년 동안 그 작업에 공을 들인다. 물론 메르켈이 이러한 베이직 토크를 하는 경우는 매우 드물다.

무엇보다도 사람들이 메르켈에게서 가장 잘 떠올리는 것은 그녀의 유일한 무브 토크다. 메르켈이 자주 반복하는 이 무브 토크는 '메르켈의 마름모(양손으로 마름모꼴을 만드는 메르켈의 손동작-옮긴이)'라는 별명이 붙었다.

푸샤크는 트럼프가 실질적 정보를 거의 지니고 있지 않으며 그의 행동방식이 매우 무지하다는 체념적인 결론으로 자신의 분석을 마친다. 하지만 '가장 훌륭한 판매원은 TV가 어떻게 작동하는지 거의 몰라도 TV를 팔 수 있다.' 그렇다. TV를 팔 때 TV 작동방식은 전혀 중요하지 않다. 중요한 것은 고객의 구매 여부다. 그리고 우리는 트럼프의 '고객'이 구매를 했다는 사실을 얼마 후 선거 결과를 통해 알 수 있었다.

반면 메르켈에게는 트럼프와 같은 판매 능력이 전혀 없다. 트럼프와는 달리 메르켈에게서 떠오르는 인상은 복잡한 사안(복잡해서 마비에 이를 지경인 사안)에 대한 사실적인 통찰력이다. 하지만 이러한 통찰력으로는 거의 아무것도 판매하지 못한다. 양 손가락으로 나란히 만드는 마름모를 제외하고는 말이다. 메르켈이 수년 동안 성과를 이룰 수 있었던 것은 결국 이 마름모

덕택이다.

이쯤에서 무지함과 예의의 관계에 대해 짧게 언급할 필요가 있다. 그렇다면 예의 바른 사람은 어떤 사람이며, 예의는 어떤 사람의 이해관계에 영향을 미칠까? 인간 사회는 수천 년 동안 무엇이 예의 바르고 무엇이 그렇지 않은지에 대한 개념을 전개시켜왔다. 그리고 마침내 어느 정도 갈등과 폭력이 없는 관계를 가능하게 하는 잠정적인 결론에 도달했다. 영국의 예의가 중국의 예의와 다르게 이해된다는 사실, 다시 말해 예의에 막대한 문화적 차이가 있다는 사실을 제외하고 보더라도, 예의는 종종 정치적 이해관계의 표현이다. 이를테면 누가 앞에서 걷는가, 누가 먼저 소개를 하는가 등처럼 말이다.

공동체를 지향하는 환경에서 예의는 위계를 중시하는 환경에서와는 당연히 달리 이해된다. 전자의 환경에서는 유대감의 신호를 끊임없이 찾는 반면 후자의 환경에서는 주로 지위 문제에 초점이 맞춰진다. 또한 누군가의 말을 중단시키는 것과 같은 작은 사건들도 서로 다른 의미를 갖는다. 수직적으로 소통하는 사람들은 이를 주로 연출된 극적 사건으로 이해한다. 이러한 과정은 상대가 이에 대항하고 반대 입장을 주장하거나 지위 문제로 불거질 때 본격적으로 흥미진진해진다. 오페라에서 대본보다는 노래와 연기로 어떻게 구현되는지가 더 중요하듯이 미팅에서는 객관적인 입장의 교환이 중요하다. 수직적인 환경에서는 공격적으로 이의를 표현하는 것이 예의가 될 수 있다. 이를테면 누군가 패스를 하고 골로 연결되기를 기대한다. 골이 들어가고 하이파이브를 한다. 그리고 경기가 계속 진행된다.

수직적인 사람들은 자신이 던진 패스가 상대에게 무시당하는 것을 싫어한다. 아무도 자신이 던지는 패스에 관심을 보이지 않으면(무례하거나 사안에 맞지 않는다는 생각에서) 지위를 중시하는 대부분의 사람들은 정말로 실망하는 반응을 보인다. 어째서 저 사람은 게임에 참여하지 않을까? 수직적인 사람들이 무례하다고 생각하는 사람은 게임의 흥을 깨는 사람이다.

반면 그들은 다른 사람의 말에 중간에 끼어들거나 하이 토크에서 베이직 토크로 갑자기 전환하는 것을 전혀 무례하다고 생각하지 않는다. 이를테면 '이 수치는 …를 아주 명확하게 입증하고 있습니다.'라는 말을 듣고 '당신이 꾸며낸 수치일 뿐입니다.'라고 상대의 말을 중단시키는 것이다.

유대감을 지향하는 토론자들은 이러한 행위를 무례하고 인신 공격적이며 '무지하다'고 여기는 반면, 수직적인 토론자들은 '무도에의 권유' 같은 것이라고 생각한다. 자기 앞에 아무도 없는 것처럼 그냥 자신만의 행동을 계속하는 사람은 기회를 놓친다. 수직적인 사람들은 바로 이 사실을 매우 명심하고 있다.

'이 수치는 …를 아주 명확하게 입증하고 있습니다.' - '당신이 꾸며낸 수치일 뿐입니다.' - '이 수치는 …를 아주 명확하게 입증하고 있습니다.' 이처럼 '당신이 꾸며낸 수치일 뿐입니다.'라는 말에 또 다시 '이 수치는 …를 아주 명확하게 입증하고 있습니다.'와 같이 응수하는 것은 몹시 안타까운 일이다. 상대가 어떤 언어를 사용하는지 정말 모르는 걸까?

오히려 상대의 말을 중단시키고 이렇게 말하는 것이 바람직하다. '이 수치는 전혀 꾸며낸 것이 아닙니다.' 혹은 '당신은 이 사진입니다. … 저는 담당자입니다. …제가 일단 이 사안에 대해 설명해야 합니다.' 혹은 '증거는 … 증거 … 입니다.' 이러한 말은 그들과 같은 눈높이에서 효과가 있으며 수직적인 사람들의 주의를 끌 수 있다. 물론 이렇게 말하는 것이 정중한지 아닌지에 대해서는 말을 아끼려고 한다.

9

휘발유 냄새

혹은 :
규범을 보호하는 방법

가연 물질을 무시하다

막스 프리쉬는 방화범들뿐만 아니라 그들에게 거처를 제공한 비더만과 같은 사람들도 문제라는 사실을 이미 알고 있었다. 그들은 시종일관 호의를 보이며, 교양 있고 평화적인 사람들이다. 하지만 무지함이 무엇인지 알지 못해서(혹은 알려고 하지 않아서) 무지한 자들이 우위를 획득하도록 도움을 준다.

나는 수직적인 사람과 수평적인 사람이 충돌할 때 진행자들이 어떻게 행동하는지를 볼 때마다 막스 프리쉬의 희곡《비더만과 방화범들》이 떠오른다. 진행자의 위치는 힘을 가진 자리라고 볼 수 있다. 그런데도 그들은 이 힘을 전혀 사용하지 않고 심지어 자신의 자리가 지닌 의미를 낮게 평가한다. 무언가가 가득 담긴 양철통을 든 사내들이 뒤에서 어슬렁거리며 돌아다닌다. 어디선가 휘발유 냄새가 강하게 진동한다. 회유적인 성향의 비더만 씨는 이를 못 본 체하고 웃으면서 호감을 사려고 한다. 그는 어떻게든지 회의실을 보다 아름답게 만들려고 한다. 진행자처럼.

특히 무지한 자들과 함께 있을 때 진행자의 역할은 위기와 기회를 동시에 지닌 매우 유망한 자리다. 이 역할을 훌륭하게 수행한다면 승리를 이끌 수 있다. 반면 진행의 역할을 그저 어쩔 수 없이 혹은 동정심에서 맡으려고 한다면 손을 떼는 것이 좋다. 그렇지 않으면 진행자는 그저 비더만 연기자에 불과하다.

수직적인 사람들과 수평적인 사람들이 충돌하는 곳에서 진행자의 역할이 과소평가되는 경우가 많다. 기업이나 회사에서 진행자는 창의적인 생각을 입력해 주는 보증인의 역할을 맡는다. 또한 민주주의의 생존을 위해서도 반드시 필요하다. 의회 의장단이 총회에서는 모든 것을 눈감아 주고 나중에서야 의회의 언어가 왜 그렇게 난폭해졌는지 놀란다면 결정적인 것을 이미 한참 전에 놓쳐버리고 만다.

비더만, 일명 N.N 혹은 X.Y라는 진행자들은 자신의 역할을 수행할 때 발언 시간과 순서 등(유감스럽게도 이와 같은 규범이 기존에 제대로 지켜지지 않았더라도) 토론자들이 절차를 엄수하도록 철저히 주의를 기울인다. 이것은 물론 결코 무의미한 일이 아니다. 하지만 수직적인 공격자들의 정곡을 전혀 찌르지 못한다.

차별화된 논거보다 베이직 토크와 무브 토크를 주요 수단으로 삼는 민주주의 적들과의 논쟁에서 진행자의 직권이 모범적으로 성공한 사례는 찾아보기 드물다.

주의회에서 벌어진 결전

2016년 독일의 한 주의회에서 보여준 모습은 달랐다. 무엇에 관한 내용이었는지는 전혀 중요하지 않다. 왜냐하면 이름만 바뀔 뿐 이는 어느 곳에서나 일어날 수 있는 현상이며, 행동 기제 또한 동일하기 때문이다. 이 주의회에서는 '독일을 위한 대안' 당이 사실에 부합하지 않는 비방을 일삼았다. 그런데 이날은 주의회 여성 의장(슈미트)이 회의를 진행했다.

　'독일을 위한 대안'당의 의원인 프란츠 밀러가 바로 막 발언권을 얻었을 때였다. 그가 인사를 하면서 '의장님(Frau Präsident)'이라고 말하는 순간 의장은 그의 말을 중단시킨다. 의장은 웃음기 없는 표정과 차분한 톤으로 의원에게 설명한다. 즉 여성 의장(Präsidentin)을 'Frau Präsident'라는 표현으로 부르는 것이 '의회의 품위'에 어긋난다는 것이다[독일어에서 직업 명칭은 남성과 여성을 구분하여 표현하는데, 남성 명사(예를 들면 Präsident) 끝에 in을 붙이면 여성 명사(Präsidentin)가 된다-옮긴이]. 의원은 의장 쪽으로 몸을 돌려 그녀의 말을 경청한다. "이 의회의 의장은 여성입니다. 그리고 우리는 당신이 이 의회의 품위를 존중해 주기를, 즉 올바른 호칭을 사용하기를 바랍니다." 의원은 짧게 고개를 끄덕인다. 의장이 "제가 오해의 여지가 없게 표현했습니까?"라고 덧붙여 말하자 그는 무뚝뚝하게 그녀에게서 시선을 돌려 의회를 바라보며 꺼진 마이크에 대고 부정적으로 말한다. "네, 오해의 여지없이 표현했습니다." 그리고 다시 이렇게 말한다. "의장님(Frau Präsident")(!).

하지만 의장은 그의 무브 토크와 두 단어의 베이직 토크를 그냥 눈감아 주지 않는다. 그녀는 즉시 덧붙여 말한다. "의원님, 제 말이 아직 끝나지 않았는데요." 의원은 다시 의장 쪽으로 몸을 돌리고 어깨를 으쓱한다. 그러더니 화를 내며 또 다시 꺼진 마이크에 대고 말한다. "의장님이 저에게 질문을 해서 저는 대답을 해야겠기에…." 의장은 그의 말을 가로막는다. "아니요, … 그러지 않아도 됩니다. 그럴 … 필요 … 없습니다. 저는 당신에게 아주 분명하게 말합니다. 당신은 지금 의장의 경고를 두 번째 받고 있고, 세 번째 경고를 받으면 당신의 발언권은 취소됩니다. 우리는 의회를 존중하지 않는 당신의 이런 모습을 그냥 넘길 수 없습니다. 이 점을 당신에게 마지막으로 경고합니다." 이렇게 말하고 나서 그녀는 의원의 마이크를 다시 켠다.

의원은 다시 의회 쪽으로 몸을 돌리고 마이크에 대고 의견을 말한다. "당신은 내일 아침 이 두 번의 경고에 대한 이의를 받게 될 것입니다." 그러자 의장은 또 다시 그의 말을 중단시킨다. "의원님, 당신이 또 다시 경고를 받을 수도 있다고 방금

제가 말했는데요." 의원은 그녀에게 등을 돌린 채 그녀를 바라보지 않고 의회를 향해 히죽히죽 웃는다. 의장이 계속 말한다. "당신은 교육받은 사람이고 … 저는 당신이 글을 읽을 수 있다고 생각합니다." 의원은 고개를 끄덕인다. "그리고 국회법에는 의원이 어떻게 행동해야 하는지 아주 명확하게 명시되어 있습니다." 의원은 고개를 끄덕인다. "의원은 … 직무를 수행하는 의장으로부터 …" 의원은 잠깐 눈을 희번덕인다. "의회의 품위를 지켜달라는 경고를 받을 수 있습니다." 의원은 다시 고개를 끄덕인다. 하지만 더 이상 히죽거리지 않는다. 그리고 여전히 의장을 바라보지 않고 의회 쪽을 보고 있다.

의장은 문장들 사이에 반복적으로 휴지기를 넣으면서 계속 말한다. "또한 국회법에는 의장의 발언에 코멘트를 할 수 없다는 점도 명시되어 있습니다. 저는 당신이 이 사실을 알고 있으리라 생각합니다. 그러므로 당신이 의도적으로 제 말에 코멘트를 달았다고 생각할 수밖에 없습니다. 이제 당신에게 세 번째 경고를 하겠습니다." 의원은 무표정한 얼굴로 눈을 잠시 감았다. "당신의 발언 시간은 다른 의원에게 넘길 수 있습니다. 의원님은 자리로 돌아가 주기 바랍니다."

의원은 서류를 챙기고 눈을 희번덕이며 꺼진 마이크에 대고 "당신이 지금 하고 있는 것은 횡포입니다."라고 말하고 자리를 떠난다. 그는 자기 자리로 돌아가는 중에도 잘 들리지 않는 소리로 계속 주절댄다. 그러자 의장은 큰 소리로 분명하게 말한다. "의원님, 여기서는 도를 넘지 마시기 바랍니다. 이 의회에 횡포는 없습니다. 이곳에는 규범이 있습니다. 그리고 그 규범에는 국회법에 명시된 내용을 엄수하는 것뿐만 아니라 인간 상호 간에 교류에서 지켜야 하는 예의도 포함되어 있습니다. … 저는 당신에게 … 예의를 … 기대합니다." 의원은 시선을 의장에게 돌려서 소리친다. 하지만 '국회법'과 '저는 그 이상은 하지 않았습니다.'라는 말 외에는 소리가 잘 들리지 않는다. 의장은 냉정하게 말한다. "의원님, 당신은 지금 발언권이 없습니다. 이 사안은 이것으로 마칩니다." 그리고 의회는 정해진 원칙에 따라 계속 진행된다.

칭찬할 만하다! 이 사례에서 진행자는 자신의 역할을 진지하게 받아들였다. 이 논쟁은 순전히 형식적인 차원에서 진행되었고, 내용적인 토론은 전혀 이루어지지 않았다. 하지만 이러한 '형식상의 절차'에 한정되었다고 해서 이 논쟁의 정치적인 의미가 상실되지는 않았다. 오히려 그 반대다.

이 사례에서 특히 인상 깊은 점은 의장 슈미트의 깨어 있는 소통적 감각이다. 즉 그녀는 무브 토크의 아주 작은 신호에도 즉각적으로 응수하고 베이직 토크도 결코 그냥 넘어가지 않는다. 또한 끊임없이 중립적이고 웃음기 없는 얼굴 표정을 유지한다. 의회 의장으로서 그녀는 모두에게 호감을 살 필요가 없다. 그녀는 문장 사이사이에 끊임없이 휴지기를 반복적으로 넣어 말하며, 절제된 속도로 말한다. 또한 그녀 역시 의장의 테이블에서 느린 무브 토크를 하며, 이로 말미암아 의장으로서 확실한 권위를 굳힌다.

그녀의 태도 또한 '무지하다'기보다는 소통적이라고 간주할 수 있다. 물론 그녀가 모르는 척하고 넘어갈 수도 있었고 규칙을 느슨하게 해석할 수도 있었을 것이다. 또한 사무적으로 냉정하게 처리하지 않고 보다 친절하게 행동했을 수도 있고, 의원이 하는 말에 전혀 관여하지 않았을 수도 있다.

하지만 슈미트 의장은 무지한 자들의 기술을 잘 알고 있었다. 그렇기 때문에 상대가 시도하는 기술을 아주 이른 단계에서부터 인식하고, 지적인 평화를 위해(우리는 언제쯤 논리적인 토론을 시작할 수 있을까?) 아무렇지 않은 듯 당하고 있어야 한다는 유혹에 굴복하지 않는다. 그래서 그녀는 국회법과 같은 내용적 제약을 사용한다. 그녀는 국회법에다 지적 수준이 전혀 높지 않은 수단들을 뒤섞는다. 이러한 그녀의 방식 역시 매우 고단수이며, 바로 이로 말미암아 그녀는 자신의 권위를 세운다.

수치스러운 종

또 다른 주의 주의회 여성 의장은 완전히 다른 예를 보여준다. 브리기테 마이어는 예산 정책에는 유능하지만 슈미트 의장과는 달리 의장으로서의 역할을 감당할 능력은 없는 듯 보인다. 마이어는 의장이 아니라 마치 의장 보조가 할 법한 무브 토크로 자신의 형식적 위치를 끊임없이 축소시킨다. 이를테면 모든 사람들이 보는 앞에서 서류를 슬슬 넘기면서 본다거나 반복적으로 수정한다거나 펜을 돌리거나 펜으로 진하게 표시를 하거나 손을 빨리 움직이거나 불안하고 잘 안 들리는 목소리로 빨리 말한다. 또 계속 웃음을 짓기도 한다. 그녀의 무브 토크는 기본적으로 '여기 의장이 아니라 조수가 대기하고 있습니다'라는 인상을 풍긴다.

슈미트 의장 때와 유사한 한 상황에서 '독일을 위한 대안'당의 슐츠 의원이 2016년 7월 21일에 발언을 할 때 마이어 의장을 완전히 무시하는 행동을 한다. 보통 주의회에서 관례적으로 하는 것과 달리 그는 의장에게 인사를 전혀 하지 않고 곧장 의회를 향해 '존경하는 의원님들'이라고 말하며 발언을 시작한다. 마이어 의장은 슐츠 의원의 이런 모든 행동을 그냥 보고 넘긴다. 슐츠 의원이 학교 정책의 결함에 대해 발언할 때 매우 분노하면서 주의회 의원들에게 이렇게 묻는다. "당신들 정말로 뇌가 있기는 합니까?" 그가 두 문장을 말하고 나서야 비로소 마이어 의장은 소심하게 종을 울리고 "잠깐만요."라고 우물거리며 말한다. 하지만 슐츠 의원은 이 말을 무시하고 계속 발언한다. 그가 몇 문장을 더 말한 후 의회가 점점 소란스러워지자 마이어 의장은 다시 조심스럽게 종을 울리고 이렇게 말한다. "정숙해 주시기 바랍니다. 그리고 슐츠 의원님, 모욕적 언사는 일체 삼가주시기 바랍니다. 의원님은 여기 계신 분들이 뇌나 뭐 그런 것이 없다고 가정할 수 없습니다. … 그러니까 …" 마이어 의장은 점점 작은 목소리로 문장을 완전히 끝내지 않은 채 의자 뒤로 기댄다. 그녀는 이 마지막 부분은 슐츠 의원이 직접 깨달아야 하며, 자신이 발설할 필요가 없다고 생각한다.

또한 그녀는 의원들이 야유와 소란 행위를 피울 때에도 계속 낮은 목소리로 정중하게 "잠깐만요."라고 말하지만, 아무도 그녀의 말에 반응하지 않는다. '독일을 위한 대안'당의 미하엘스 의원이 발언할 때에도 그녀의 말에 전혀 반응하지 않는다. 그는 평소 때에도 그녀의 말을 완전히 흘려듣는 사람이다. 심지어 그녀가 최대한 정중하게 "잠깐만 기다리세요."라고 요청할 때에도 그는 그녀의 말을 무시한다. 이보세요, 당신은 의장이에요! 과연 그녀는 자신이 의장이라는 사실을 알고 있기는 한 것일까? 마이어 의장은 신중한 언사를 부탁하기 위해 의장으로서 울릴 수 있는 종을 마치 울리면 안 되는 어떤 수치스러운 것으로 받아들인다.

'독일을 위한 대안'당의 한 주의회 여성 의원이 2018년에 벌어진 어느 성폭행 사건을 당 이익을 꾀하기 위한 도구로 사용하기 위해 주의회에서 묵념의 시간을 요청하자 마이어 의장은 조용한 목소리로 여러 번 "잠깐만요."라고 말하며 이의를 제기한다(하지만 마이크를 공격적으로 사용해야 한다는 생각은 전혀 하지 못한다). 하지만 그녀의 말은 아무 반응도 얻지 못하고 그 여성 의원은 발언을 계속한다. 결국 의장은 본인의 입을 다물고 만다. 손을 휘두르거나 펜을 손가락 사이에 끼우거나 서류를 정리하는 엉뚱한 행동이나 머리를 매만지는 등의 끊임없는 무브 토크는 의장으로서 그녀의 권위를 축소시킨다.

몇 달 후 슐츠 의원이 주의회에서 유례없는 소동을 벌인 것은 이미 당연한 논리적 결과라고 볼 수 있다. 그는 의회에서 여러 번 야유를 퍼부었다는 이유로 마이어 의장으로부터 퇴장을 요구받았다. 하지만 그는 퇴장을 거부했고 결국 경찰에게 끌려나갔다.

상황이 이렇게까지 된 것은 상대의—앞에서 언급했던 비더만식—예의를 그저 양보심 정도로 이해한 것과 분명히 관계가 있다. 마이어 의장은 슐츠 의원을 비롯하여 트럼프 유형의 사람들에게 빈틈을 제공했고, 그들은 이 빈틈을 자신들이 장악해도 된다고 생각했다. 마이어 의장이 나중에 경찰 당국에 '경찰들이 국회법이 시행될 수 있도록 나에게 많은 도움을 주었습니다…'라고 강조해서 감사를 표한 사실은 유감스럽게도 많은 내용을 시사해 준다.

맹점

진행자는 말 그대로의 정의에 따르면 자신이 사회를 보는 집단에 대해 영향력을 발휘할 수 있는 자리다. 진행자는 공정함이 실현되고 의사소통의 규범이 보호될 수 있는 환경을 보장한다. 유능한 많은 사람들도 자신의 발언이 상대로부터 반복적으로 제지당할 경우 어느 순간 전혀 발언을 하지 못하거나 발언을 망설이게 되므로 진행자는 이를 막는 역할을 해야 한다. 또한 한 사람이 지속적으로 발언하지 못하도록 제한하고 주제에서 벗어난 발언을 하는 사람들이 다시 해당 주제로 돌아오게끔 지적해야 한다.

이러한 진행의 역할이 집단으로부터 전혀 원치 않는, 그저 형식상의 용무일 뿐이라고 가볍게 받아들여진다면 진행자는 이러한 역할을 차라리 집단에게 돌려주는 것이 낫다. 이는 직장의 회의에서부터 정치협의회, 나아가 의회까지, 실제로 민주주의적 토론 문화가 옹호되는 모든 곳에 해당된다. 의사소통을 보호해야 하는 힘을 지닌 진행자가 그저 하이 토크 위주의 토론이나 호의적인 이해를 바라는 식으로 자신의 영향력을 발휘하는 것은 수평적인 욕구에 해당된다. 하지만 이는 수직적인 사람들 앞에서는 아무 소용이 없다. 의사소통의 규범을 공격하는 행위는 진행자가 토론을 내용적인 단계로 끌어올리거나 정중함을 유지한다고 해서 막을 수 없다. 오히려 진행자의 역할이 지니고 있는 형식적 위치를 공격적으로 사용해야만 이를 저지할 수 있다. 이를 거부한다면 휘발유를 든 소년들에게 라이터를 갖고 놀라고 부추기는 셈이다.

이러한 점에서 볼 때 힐러리 클린턴과 도널드 트럼프의 2차 대선 토론에서 트럼프가 공격적인 무브 토크를 시작했을 때 진행자들이 아무런 조치를 취하지 않았다는 점은 결정적인 의미를 지닌다. 진행자들이 트럼프의 이러한 행동을 그대로 방치함으로써 논증을 펴는 클린턴의 내리막길이 시작되었다.

물론 클린턴과 같은 사람들은 성취 능력이 뛰어난 전문가들이다. 하지만 오로지 좁은 범위 내에서만, 다시 말해 언어적으로 우세한 환경에 있을 때에만 그렇다. 그들은 마이크와 인터 뷰 상대만 있다면 매우 비판적으로 말할 수 있다. 말하자면 그 들은 이와 같은 환경에 단련되어 있다. 하지만 이러한 단련 탓 에 이보다 훨씬 막강할 수 있는 다른 형식의 소통에 대해서는 눈이 멀게 되었다.

이를테면 한 대선 후보가 다른 대선 후보 뒤에서 넓은 자리 를 차지한 채 무브 토크를 구사하며 내용적 발언은 중요하지 않다는 분위기를 연출할 때 클린턴과 같은 사람들은 오로지 언 어적 행동에 집중하느라 이를 보지 못한다. 그들은 너무나도 분명한 영역적 행위를 전혀 포착하지 못한다. 라디오 방송이었 다면 이러한 행위가 전혀 중요하지 않았을 것이다. 하지만 카 메라 앞에서는 완전히 다르다.

이제 좀 더 전형적인 이야기를 해 보자. 두 명의 지성인이 진 행자 역할을 맡기로 하여 집중적인 구두 훈련을 마쳤지만, 무 브 토크 행위를 막을 수단을 전혀 찾지 못한다. 그들은 분명히 불쾌한 심기를 느꼈지만 그 이유가 무엇인지 확인하지 못했다. 그리고 트럼프의 무브 토크를 분명하게 거론하는 것 또한 그들 과 같은 사람들에게는 불편했을 것이다. 하지만 이러한 혼란스 러운 감정을 견뎌내야 한다.

왜냐하면 바로 여기서 게임이 끝나기 때문이다. 실제로 균등

한 기회를 만들어 내려면 정확히 바로 이 지점에서 개입이 이루어져야 한다. 논거의 능력자들은 무브 토크를 파괴시키는 영향력을 보여줄 수 있는 바로 그 지점에서 체면을 차리지 말고 언어적인 것이 전혀 아닌, 하지만 의사소통의 틀을 완전히 바꾸어놓는 어떤 것을 보여주어야 한다.

언어적이고 객관적인 토론의 틀 안에서 이러한 수단이 무브 토크를 가장 효과적으로 막을 수 있다는 것은 결코 우연이 아니다.

기업에서 흔히 사용되는 '고정된 날'이라는 용어가 있다. 말하자면 일주일에 한 번 정해진 날에 모여 회사의 미래와 관련된 새로운 사실들을 논의하는 것이다. 이날 한 간부가 서류를 들고 토론 준비를 마치고 서 있는데, 다른 두 명 중 한 사람은 동료에게 인사도 하지 않고 자동차 경주 영상을 보고 있고, 다른 한 명은 혼자 중얼거리면서 경매 카탈로그를 보고 있다면 이 상황에서 일종의 무브 토크가 실행되고 있음이 분명하다. 모두가 '고정된 날'의 의미를 잘 알고 있기 때문이다.

'독일을 위한 대안'당이 독일 연방 의회에서 자신들에게 불리한 토론을 저지하려고 할 때 그들은 객관적인 논증이 아니라 완전히 다른 것, 즉 어떤 행동을 펼친다. 이를테면 당내 교섭단체 모두가 말없이 서 있는 '침묵의 시간'을 연출하거나 모든 의원들이 의회에서 퇴장한 후 개별적으로 다시 들어오는 재입장 표결방식을 요구한다. 원내 교섭 단체 모두가 회의장을 떠나는 것은 엄청난 연출이다. 또는 현수막이나 대형 사진을 높이 걸기도 한다. 이는 아주 확실한 무브 토크 행위들이며, 여기에 종종 베이직 토크가 추가되기도 한다.

의장이 이러한 무브 토크 행위를 무시하거나 너무 늦게야 이를 문제시한다면 의장의 기능만 상실되는 것이 아니라 전체 '행동 강령'이 약해진다. 그렇게 되면 결국 무지한 자들의 기술을 사용하는 민주주의의 적들이 의장의 기능을 맡게 된다.

10

성공적인 교착 상태

혹은 :
누가 결과를 담당하는가?

해결책을 담당하다

수직적으로 소통하는 사람들은 저녁에 회사나 의회, 편집국 등을 나설 때 그날의 무수한 위계 놀이와 영역 놀이를 되돌아본다. 그것도 매일매일. 수평적으로 소통하는 사람들에게는 참놀라운 사실이지만 수직적인 그들에게는 이것이 전혀 부담스럽거나 힘든 일이 아니다. 오히려 아주 매력적이고 흥미로운 일이라고 생각한다. 또한 무대 위에서 주어진 자신의 역할을 구현하는 범위 내에서만 되짚어보기 때문에 이를 전혀 개인적인 일이라고 여기지 않는다. 한편 그들은 직장이라는 무대를 떠나자마자 아무런 악의 없이 자신의 적수와 완전히 다른 것에 대해 가벼운 농담도 할 수 있다.

반면 내용적 논증이 반드시 필요하다고 생각하고 유대감의 메시지를 주고받는 것을 중시하는 수평적인 사람들은 완전히 다르게 본다. 그들은 공격적인 태세가 될 경우 보통 직접적으로 충돌(이에 관해서는 나의 저서 《친절한 여자 적군》에서 상세히 기술하고 있다)하기보다는 간접적으로 표현한다. 수평적 시스템에서 반복적으로 사용되는 또 다른 공격 소재는 상대에게 해를 입힐 수 있는 개인적인 신상에 관련된 내용이다. 다시 말해 수평적 시스템에서는 직업적 공격이 동시에 사회적 공격이기도 하다.

그들에게는 자신에게 주어진 역할에 거리를 두고 행동하는 무대란 존재하지 않는다. 그래서 사안이 훨씬 더 빨리 개인을 향하게 된다. 수평적으로 소통하는 사람들에게는 이러한 행동 방식이 아주 잘 단련되어 있기 때문에 논쟁이—업무상의 논쟁이더라도—초반부터 매우 격정적이고 진지하게 진행되며, 이로 말미암아 감정적인 타격이 훨씬 더 깊어진다. 물론 이러한 과정을 동기와 투지의 관점에서 본다면 대단한 강점이 될 수 있다. 하지만 충돌 후에 아무런 부담감 없이 원래 상태로 되돌아가기는 쉽지 않다.

수평적으로 소통하는 사람들에게는 내용과 유대감이 밀접하게 연결되어 있기 때문에—남성이든 여성이든(여성이 더 많은 추세지만)—충돌 속에서 해결책을 찾아야 한다고 느낀다. 그들은 이를테면 미팅에서 뭔가 생산적인 타개책을 찾아낼 책임이 자신들에게 있다고 생각한다. 이때 그들이 생각하는 '생산적'이라는 뜻은 내용적으로 생산적이라는 의미다. 그들이 생각하기에 회의가 뚜렷한 결과 없이 끝날 경우 그들은 큰 좌절감을 느낀다.

한편 그들은 생산성이라는 것이 위계를 중시하는 사람들에게 또 다른 측면을 제공한다는 사실을 놓친다. 수직적 시스템에서는 지위와 영역 문제가 훨씬 더 비중 있는 역할을 하기 때문이다. 이를테면 미팅에서 내용적인 진전은 전혀 없어도 중요한 지위 문제가 규명되었다면 수직적으로 소통하는 사람들에게 이 미팅은 더할 나위 없이 큰 의미를 갖는다. 비록 그 회의가 의사일정의 첫 사안에서 더 나아가지 못했더라도 말이다.

이처럼 수직적 시스템에서는 내용적인 차원만 단독으로 진행되는 것이 아니라 두 개의 차원이 동시에 진행된다. 즉 내용적 차원에 정치적 차원이 추가된다. 심지어 정치적 메시지가 모든 내용적 메시지를 가려서 내용적으로 조금도 진전되지 못하는 것처럼 보이기도 한다. 수직적인 사람들은 상대측의 모든 제안을 거부함으로써 상대의 우월성을 성공적으로 무너뜨리는 것으로 대미를 장식한다. 그 결과는 내용적으로는 완전히 제로다. 하지만 정치적으로는 양측이 우위나 하위가 아닌 동급이라는 사실이 선언된 것이다. 이러한 방법은 실제로 한 조직 내부에서 매우 큰 차이를 만들어 낼 수 있다.

그렇기 때문에 지위를 중시하는 사람들에게는 기록상의 문제도 매우 높은 가치를 갖는다. 이는 특히 공식적인 정치적 문서에서 뚜렷하게 나타난다. 이를테면 누가 누구 앞에서 걷는지, 공항에 늘어선 의장대의 대열이 얼마나 긴지, 상대보다 깃발이 더 높이 걸려 있는지, 누가 회의장에 제일 먼저 들어가는지, 누구와 얼마나 떨어진 곳에 어떤 화려한 의자가 있는지 등은—수평적인 사람들에게는 완전히 이해불가지만—수직적인 사람들에게는 막대한 의미를 지닌다. 내용적으로 희망적인 진전을 가져올 수 있는 전형적인 과정들은 이러한 의례적인 무브토크 쇼 때문에 반복적으로 좌절된다. 2017년 주요 7개국(G7) 정상회담 폐막 사진에서 두 번째 열에 서 있는 메르켈 총리가 바로 앞 열에 선 트럼프에 완전히 가려진 것을 우연이라고 보기 어렵다.

참기 힘든 멈춤 상태

공동체를 지향하는 수평적 사람들은 지위를 중시하는 수직적 사람들과 충돌하더라도 상대와 동일한 수단을 사용하지 않으려는 어떤 내적 제동 장치를 작동시키는 경우가 많다. 교착 상태에 대해 책임지고 싶지 않아서다. 이는 대선 토론에서 클린턴이 단음절로 짧게 대답하는 트럼프에게 줄곧 내용적인 주제를 거론했던 이유 중 하나일 것이다. 만약 클린턴도 트럼프처럼 짧게 단음절로 말했다면 토론은 교착 상태에 빠졌을 것이기 때문이다. 그렇게 되면 불편한 정체 상태가 생겨나고 이에 따라 경직된 침묵과 참기 힘든 교착 상태가 잇따랐을 것이다. 그렇게 되느니 차라리 내용적인 주장을 하자! 바로 이 때문에 파멸된다고 해도 말이다.

침묵 상태와 막다른 곳에 처했다는 감정을 견디기는 힘든 일일 수 있다. 하지만 이는 전체 소통 과정을 진척시키는 뚜렷한 메시지일 수도 있다. 무엇보다도 이러한 메시지가 지위가 동등하다는 것을 나타내는 표현으로서 사용될 수 있기 때문이다. 수평적으로 소통하는 사람들은 늘 발언이 적절한 수단이라고 확신하지만, 반드시 그렇지만은 않다.

아주 오래전부터 미팅 때마다 항상 내 말에 중간에 끼어드는 동료가 있었다. 그런데 다음과 같은 일이 벌어진 후부터 그는 그러한 행동을 멈추게 되었다. 즉 그가 또 내 말에 끼어들자 나는 그에게 큰 소리로 또박또박 천천히 이렇게 말한다. "너는 내 동료야 … (잠시 멈춤) 내 상사가 아니고." 이 말을 약간의 무브 토크와 섞어서 말할 경우, 이를테면 팔이나 손을 확실하게 움직이면서 말한다면 그는 이 지점에서 내 말을 주의 깊게 들을 것이다. 그러면 짧은 침묵의 시간이 생겨나고, 이 시간에 나는 베이직 토크 화법으로 내가 하고 싶은 말을 할 수 있다. 이를테면 '네가 내 말을 끊어봤자 아무 소용없어.' 혹은 '내 제안이 더 좋아.' 등의 말을 하는 것이다. 동료가 말을 가로채는 행동이 습관적으로 몸에 밴 사람이라면 또 다시 내 말을 끊으려고 하거나 '그렇게 호들갑 떨지 마.', '넌 뭐 그렇게라도 해야겠지.'

와 같은 말을 할 것이다. 그러면 나는 그의 말에 끼어들어서 아까 했던 말을 똑같이 반복한다. 그러면 그는 부담스러울 정도로 한참을 침묵하게 될 것이다. 이러한 교착 상태의 침묵을 즐길 줄 알아야 한다!

이때 유대감을 중시하는 수평적인 사람들은 스몰토크로 침묵의 시간을 메우려고 한다(그렇게 하는 것이 훨씬 더 쉬울 테니까!). 하지만 아무 말도 하지 않고 이 침묵의 시간─포커를 칠 때처럼 서로 바라보면서─을 그대로 두는 것(다른 사람들이 '참기 불편하다'고 느끼더라도)도 소통을 단절시키는 것이 아니라 소통의 기술에 속한다.

도널드 트럼프 대통령이 취임한 후 앙겔라 메르켈이 처음으로 미국을 방문했을 때 그녀는 이미 초반부터 교착 상태에 빠졌다. 트럼프가 경고 내지 훈계의 의미로 그렇게 했다는 점에는 의문의 여지가 없다. 보통 공식 환영식에서 두 국가 정상들은 기자들이 공식적인 사진을 찍을 수 있도록 기자단 앞에 서거나 앉아 있다. 그런 다음 기자단이 출입하지 못하는 곳으로 옮겨 본격적인 회담 시간을 갖는다. 환영식에서는 전 세계 언론의 기자들이 상징적인 사진을 찍을 수 있도록 국가 정상들이 평소보다 훨씬 오랫동안 악수를 하고 인위적인 미소를 짓는다. 이것이 연출이라는 것을 누구나 알고 있다.

그렇기 때문에 2017년 3월의 장면은 더욱 눈에 띈다. 좌측에는 앙겔라 메르켈이 크림색 등받이 의자에 앉아서 웃고 있고, 약 1미터 떨어진 우측에 도널드 트럼프가 같은 모양의 의자에 앉아 있다. 바지 정장을 입은 메르켈은 편안하게 다리를 꼬고 앉아 있다. 트럼프는 다리를 바깥쪽으로 펼치고 팔꿈치를 허벅지에 올린 채 몸을 살짝 앞으로 구부리고 있다. 메르켈은 계속 트럼프를 바라보고 있지만 트럼프는 메르켈을 바라보지 않고 누구나 알 만한 찡그린 미소를 지으며 사진기자들을 바라본다. 많은 사진기자들이 계속해서 '악수해 주세요! 악수해 주세요!'라고 요청한다. 그런데 악수 장면이 연출되지 않는다. 악수를 먼저 청해야 하는 쪽인 트럼프가 그냥 아무 말 없이 앉아 있다. 그러자 메르켈은 트럼프 쪽으로 몸을 구부리면서 분명하게 말한다. "사진기자들이 악수를 원하잖아요." 트럼프는 카메라들이 찰칵찰칵 셔터 소리를 내는 동안 노골적으로 메르켈의 말을 무시하고 퉁명스럽고 무표정한 얼굴을 보이며 아무 말도 하지 않는다.

메르켈은 다시 의자에 등을 기대앉고 고개를 끄덕이며(정확히 그런 트럼프의 행동을 기대했다는 듯이) 미소를 짓는다. 시간이 지나간다. 이 장면은 마치 무슨 시합처럼 보인다. 트럼프는 한참 후에(실제로는 고작 30초였다) 이렇게 말한다. "독일에 좋은 사진들을 보내도록 하세요."메르켈은 웃음을 지으며 트럼프의 비열한 게임에 좋은 표정을 짓는다. 트럼프는 여전히 메르켈 쪽으로 시선을 돌리지 않는다. 또 다시 '악수해 주세요! 악수해 주세요!'라는 외침이 들린다. 트럼프는 심지어 고개를 젓는다. 악수는 절대 없다. 메르켈은 지금 벌어지는 상황을 믿을 수 없다는 듯이 그에게 두 번째로(!) 말한다. "사진기자들이 악수를 원하잖아요." 트럼프는 아무런 반응도 보이지 않는다. 메르켈은 또 다시 미소를 짓는다. 여전히 그는 메르켈에게 눈길을 주지 않고 계속 사진기자들을 바라본다. 그리고 아무 말도 하지 않는다.

이러한 침묵의 시간을 견뎌낼 수 있어야 한다. 당당하게 웃으면서. 즐겁게. 아무렇지도 않게. 시간이 길게 느껴지더라도. 저 개미들이 저기서 뭐하고 있는 거지? 여기 이 아메바들은 또 뭘 하고 있는 거야. 재미있네.

수직적으로 소통하는 사람들은 상대를 이러한 식의 침묵으로 꼼짝하지 못하게 만드는 행동을 대단히 막강하고 인상 깊다고 느낀다. 그들의 이러한 행동은–물론 호감을 주지는 못하지만–종종 사람들의 주목을 끄는 효과를 발휘한다. 하지만 수평적으로 소통하는 사람들은 이러한 행동을 낮게 평가한다. 수직적인 사람들은 이러한 교착 상태가 지나가면 다시 객관적인 층

위로 되돌아온다. 무지한 자들은 이러한 방식으로 자신의 입장을 밝힌다. 이러한 상황에서 그들과 같은 방식의 언어를 사용한다면 둘 중 어느 쪽도 지배당하거나 지배할 수 없을 것이며, 서로 상대의 말을 경청할 수 있게 될 것이다.

머뭇거리지 않는 교착 상태

물론 이것이 이와 같은 상황에서 생산적인 방향으로 전개시킬 수 있는 확실한 방법은 아니다. 수직적인 사람들은 교착 상태를 견디는 행동을 아무 소득도 없거나 양쪽 모두의 패배라고 생각하지 않는다. 오히려 동등한 지위를 확실하게 인정받았다고 생각한다.

클린턴과 트럼프의 TV 토론에서 다음과 같은 가상의 대화가 오갔다면 어떤 모습의 교착 상태가 발생할 수 있을까?

클린턴 : "모든 대선 후보들이 납세 내역을 공개했는데, 오직 당신만 그러지 않았습니다."

트럼프 : "틀렸어요."

클린턴 : "당신은 수년 동안 그러지 않았습니다. 미국 국민들

이 당연히 그러기를 기대했는데도 말입니다."

트럼프 : "틀렸어요."

이제 실제 대선 토론에서 클린턴이 했던 것처럼 아무 성과 없이 내용적인 이야기(하이 토크)를 하는 대신 교착 상태로 나아가기 위해 베이직 토크를 사용한다.

클린턴 : "맞아요!"

트럼프 : "틀렸어요."

클린턴 : "맞아요!"

트럼프 : "그건 거짓말이에요."

클린턴 : "당신은 납세 내역을 공개하지 않았어요."

트럼프 : "틀렸어요."

클린턴 : "맞아요, 도널드!"

이러한 상황이 되면 진행자가 개입하기까지 그리 오랜 시간이 걸리지 않을 것이다. TV에서 이러한 교착 상태는 지루함이라는 재앙과도 같기 때문이다.

어쩌면 트럼프는 인정한다는 듯이 히죽 웃으며 클린턴을 바라볼 것이다. 누가 꿈엔들 생각했겠는가. 이제 당신은 내 함정에 빠지지 않는군.

물론 이러한 가상의 대화는 실제로 벌어진 것이 아니기 때문에 조금은 의심스럽기는 하다. 하지만 클린턴과 트럼프의 끊임없이 반복되는 패턴은 이러한 대화와 조금도 다를 바 없다. 정말로 위와 같은 대화가 오갈 수도 있었을 것이다. 이러한 교착 상태를 참지 못했을 쪽은 아마 진행자였을 것이다. 진행자는 이러한 교착 상태에서 무슨 말이라도 했을 것이고, 클린턴에게 책임이 전가되지도 않았을 것이다. 그리고 결국 트럼프는 승리를 거두지 못했을 것이다. 물론 지적인 시청자들은 이러한 대화에서 더 많은 실체를 바랐을 수도 있다. 어쨌든 이 세상의 클린턴들은 패배를 대가로 무지한 자들에게 자신의 무기로 대적하려는 욕구에 응하면 안 된다.

11

테플론 문구

혹은 :
간단하게 할 수도 있는데
왜 복잡하게 하는가?

독창성의 반대

잰들러 씨는 최근에 한 전자 회사의 부장이 되었다. 그는 자신의 새 임무를 제대로 수행하려고 한다. 그는 자기 분야의 신기술 개발 내용을 이사진과의 미팅에서 처음으로 소개하기 전에 자신의 상사에게 먼저 지원을 받고자 한다. 그 상사는 중년의 브라운 씨로, 그는 이미 오래전부터 회사 운영 사업과는 관계가 없는 사람이다. 잰들러 씨는 익숙한 빠른 말솜씨로 자신의 프레젠테이션의 첫 세 가지 조항을 소개하자 브라운 씨는 그의 말을 끊고 짧게 말한다. "이 일로 나를 끌어들이지 말아요."

이 말에 잰들러는 상당히 감정이 상한다. 브라운은 무슨 뜻으로 이렇게 말하는 것일까? 잰들러를 이해하지 못할 정도로 브라운은 편협한 사람인가? 그는 너무 오랫동안 일상 업무에서 벗어나 있는 것인가? 인신공격을 하는 것인가?

잰들러는 좀 더 상세하게 설명하기로 결심한다. 하지만 몇 분 후에 상사는 고개를 저으며 다시 한 번 말한다. "이 일로 나를 끌어들이지 말아요."

이제 잰들러의 부담감은 점점 심해진다. 그는 안 그래도 불안했는데 상사의 이런 말 때문에 불안감이 더 커진다. 그는 어쨌든 프레젠테이션을 마치고 브라운 상사로부터 원칙적으로

승낙을 받는다. 하지만 이 두 번의 발언이 잰들러를 괴롭게 만든다. 수평적인 소통 시스템에 있는 많은 사람들이 이와 비슷한 경험을 한다.

잰들러의 불안함은 브라운의 말 때문에 유발되지 않았다. 잰들러는 아무 문제없이 브라운의 말에 대답할 수도 있었다. 이를테면 특수한 형태의 베이직 토크로 말하는 것이다(물론 하이 토크를 준비하고 있었겠지만). '당연하지요!'라고 말이다. 이 말은 아주 포괄적인 의미를 담고 있기 때문에 어떤 구체적인 내용으로 전혀 반응할 수 없다. 그러고 나서 똑같은 말을 다시 한 번 반복한다.

'당연하지요!'라는 말은 일종의 상투어다. 상투어는 단순하고 완전히 교환가능하며 전혀 독창적이지 않다. 상투어는 내용에 관해서는 아무것도 말해 주지 않기 때문에 언제나 투입될 수 있다. 또한 상투어에는 어떤 진술도 능가하는 자명함이 담겨 있으며, 상대를 억지로 누르지 않아도 도도함을 풍기는 힘이 있다.

상투어에는 언제나 개인적인 감정이 배제되어 있다(그렇다고 인간적이지 않다는 뜻은 아니다). 개인적이지 않기 때문에 필요하면 다시 취소할 수 있다. '아니야, 아니야, 그런 뜻이 아니었어.' 상투어는 마치 내용에 관한 확언처럼 들리지만, 그렇지 않다! 모든 경영진들은 한 문장으로 된 상투어를 도구와 수단으로서 사용한다. 이러한 상투적인 문구는 무지한 자들의 기술이기도 하다.

상투어의 서식지

상투어가 제대로 빛을 발하는 환경은 미팅이다. 사안에 대해 실제로 잘 알고 있는 사람은 미팅에 건설적으로 참여할 수 있다. 하지만 주제에 대해 부담감을 느끼거나 오히려 지위 게임을 하고 싶어 하는 사람, 자신의 직무가 무엇인지 제대로 모르는 사람, 혹은 그냥 공격적인 성향의 사람은 미팅 사안에 관한 내용적 실체는 전혀 담겨 있지 않지만 정치적으로 막대한 영향을 미칠 수 있는 상투어를 끌어들인다.

하지만 상투어는 합법적인 방어 수단으로서도 훌륭하게 사용될 수 있다. 상투어의 도움을 받으면 실제의 본인보다 좀 더 무지한 척 행동할 수 있다. 이를테면 다음과 같이 살짝 빈정대듯이 말할 수 있다.

'그런 거는 아무도 이해 못해요.'

'분명히 그렇게 될 거예요.'

'노코멘트.'

'그건 내게 아무 도움이 안 돼요.'

'그건 완전히 다르게 볼 수도 있어요.'

'그건 우리한테 안 맞아요.'

'그것에 대해 나를 설득하지 마세요.'

'그건 제가 잘 이해가 되지 않는데요.'

'그럴 리가 없을 텐데요.'

'평범한 사람은 잘 모르죠.'

'탄탄한 근거가 필요해요.'

'인생은 그렇게 쉽지 않아요.'

'이 일은 공식적인 업무가 아니에요.'

'저는 신이 아니에요.'

'우리가 하고 싶다고 해서 다 되는 게 아니에요…'

'큰 방향이 중요해요.'

'아무도 그렇게 생각하지 않아요.'

'일단 먼저 시험대에 올려봐야겠어요.'

'일단 곰곰이 생각 좀 해 봐야겠어요.'

'그것으로는 충분하지 않아요.'

'저는 누가 하는 말도 이해할 수 없어요.'

'그건 보다 간단하게 진행돼야 해요.'

'그건 다르게 해결되어야 해요.'

'너무 훌륭해서 사실 같지가 않네요.'

'그건 완전히 다르게 접근해야 해요.'

'그건 아직 아무런 효과가 없어요.'

'그렇게는 불가능해요.'

'저는 이해가 되지 않아요.'

'저 바깥에서는 다르게 흘러가고 있어요.'

'끝이 어떻게 될지 한번 생각해 봐야 해요.'

'그럴 수도 있겠죠, 하지만 …'

'그건 성사될 수 없어요.'

'대안이 없네요.'

'가식 없이 한번 말해 보죠.'

'쓸데없이 시간 낭비할 필요가 없어요.'

'그 문제는 그대로 두겠어요.'

'결정을 내려야 해요.'

'여기는 상황이 달라요.'

'그건 미해결 상태로 두죠.'

'이 문제는 진지하게 논의할 필요가 있어요.'

'그건 자동으로 해결될 거예요.'

이러한 상투어들은 보통 뉴스나 신문 헤드라인에 많이 등장한다. 말하자면 어느 정도 과장되어 있고 살짝 고압적인 느낌을 준다. 또한 이러한 상투어를 사용하는 사람은 뭔가 더 잘 알고 있는 것 같고 상대의 약점을 꿰뚫어보고 있는 것 같은 인상을 준다. 상투어는 이처럼 우월한 속성을 지니기 때문에 상대의 객관적 입장이 달라붙지 못하게 만드는 테플론 코팅막과 같은 효과를 나타낸다. '너는 계속 그렇게 세부적인 논리만 갖고 떠들어라. 나는 이런 상투어를 사용할 테니까. 그럼 너는 결국 지게 될 거야.'

미팅에서는 상투어의 열매들이 다채롭게 자라날 수 있는 비옥한 서식지를 확보하는 것이 중요하다. 수많은 상투어들을 이 책에서 일일이 열거하려면 지면이 모자랄 것이다.

물론 이러한 상투어들은 정치계에서도 자주 사용된다. 도널드 트럼프 같은 사람이 시종일관 상투어를 사용하는 것은 절대 우연이 아니다. 그는 상투어라는 도구를 사랑한다. 이 도구는 미국뿐만 아니라 다른 나라에서도 자주 출현하지만 종종 간과되거나 과소평가된다. 이러한 모든 상투어들이 독창적이지 않기 때문이다. 그래서 지성인들은 종종 이런 상투어를 사용하기를 꺼려한다.

상투적인 명언들을 한번 만나보자.

'당신에게 한 가지 말하자면…'

'사람들은 …라고 생각해요.'

'저는 …를 전혀 믿을 수가 없어요.'

'그런 일은 항상 있었어요.'

'그건 앞으로도 계속 그럴 거예요.'

'…는 아주 중요해요.'

'거기에는 딱 한 가지 방법뿐이에요, 말하자면…'

'사람들은 …를 이해하지 못해요.'

'당신이 믿거나 말거나…'

'아무도 …라고 주장할 수 없어요.'

'…는 불명예스러운 일입니다.'

'그건 전혀 문제가 아닙니다.'

'…는 이해할 수 없습니다.'

'그렇거나 말거나…'

다음과 같은 말들도 훌륭하다.

"많은 것들이 개선되어야 합니다."

"…을 하기에 좋은 날입니다."

"개선할 필요가 있습니다."

"우리는 이미 많은 것을 시작했습니다. 하지만…"

"그것은 목표에 맞지 않습니다."

그 외에도 수많은 상투어들이 있다.

이와 같은 상투어들 중 어느 것으로도 상대가 방금 말한 내용에 응수할 수 있다. 내용상으로 그리고 논리적으로 맞지 않더라도 말이다. 상투어를 반복해서 사용한다면 결정적인 성공을 끌어낼 수 있다. 그러면 더 많은 내용을 알고 있는 상대, 뚜렷한 논리를 펼치는 상대가 무력해진다.

무지한 자는 상대가 이러한 상투어 기술을 간파하고 똑같이 이를 사용하기로 방향을 전환하면 그 상대를 감당해 내지 못한다. 말하자면 전환 기법을 쓰는 것이다.

상투어 킬러

처음에는 상투어로부터 조금도 영향을 받지 않는 것이 가장 좋다. 그런 상투어들은 내용과 관계가 없기 때문에 대화에서 아무것도 잃을 것이 없는 무의미한 문구들이다.

하지만 공간에 함께 있는 상대가 상투어를 사용하기 시작하면 당당하게 똑같은 방식으로 응수해도 된다. 여기에는 두 가지 방법이 있다. 하나는 내용적인 의미가 담기지 않은 무난한 상투어를 어느 정도 과장해서 말하는 것이다. 다른 하나는 나를 겨냥했던 상대의 말을 그대로 인용해서 사용하는 것이다(이 방법을 사용하면 상투어를 별도로 힘들게 생각해 낼 필요가 전혀 없다).

그저 상대가 했던 말을 사용하면 된다. 이를테면 '그런 건 아무도 이해하지 못해요.'라는 말에 '그런 건 누구나 이해해요.'라고 응수하는 것이다. 또는 '그 문제는 그냥 두겠어요.'라는 말에 '그런 문제는 그냥 둘 수 없어요.'라고 말하거나 '그런 일은 항상 있었어요.'라는 말에 '그런 일은 결코 없었어요.'라고 말한다. 또는 '아무도 …라고 주장할 수 없어요.'라고 말하면 '많은 사람들은 완전히 다르게 생각해요.'라고 말한다.

나는 상투어가 곧바로 떠오르지 않을 때 상대에게서 방금 들었던 상투어를 그냥 반복해서 말한다. 이때 말하는 속도를 늦춘다. 그렇게 하면 시간을 벌게 되고, 이 시간 동안 상대의 말을 받아칠 수 있는 상투어가 떠오른다(내용적인 사안으로 돌아가기 전에).

자, 수많은 상투어 목록에서 하나를 물색하라! 중요한 것은 짧고 도도하게 말하는 것이다. 그런 다음에 논거와 내용적 세부사항을 이어서 말할 수 있다. 이러한 상투어를 사용할 때 기본적인 핵심은 정확한 글귀가 아니라 상대에게 압박감을 주는 확실한 태도다. 목청을 높일 필요가 없을 정도로 단호하고 비장하게 말하는 것이다. 이렇게 확실한 태도를 취하면 아무도 이의를 제기하지 못할 것이다.

상투어는 베이직 토크의 특수한 형태다. 상투어에는 오로지 상투어로만 대적할 수 있다. 그렇게 하는 것이 맞다. 그렇게 하지 않고서는 불가능하다. 이는 당연한 사실이다.

12

거짓말의 평범성

혹은 :
황소의 뿔을 꼬집다

거짓말하는 태도

상사가 사실적 내용에 전혀 관심이 없으면 동기를 유발시키지 못한다. 이를테면 상사가 어제 이야기한 것과 반대되는 내용을 오늘 주장하거나 사안에 대해 잘못 설명하거나 자신이 익히 알고 있는 중요한 세부사항들을 의도적으로 빼뜨려서 완전히 틀린 인상을 심어 준다면 말이다. 이러한 행동은 독일어뿐만 아니라 다른 언어로도 돌려서 표현할 수 있겠지만, 짧고 명확하게 말하자면 한마디로 거짓말이다. 물론 동료가 거짓말을 하는 것도 마찬가지로 나쁘다. 하지만 동료가 거짓말을 할 때에는 좀 더 쉽게 대처할 수 있다. 동료에 대한 소문이 퍼질 것이고 사람들은 조만간 그 동료에게 거리를 둘 것이다. 하지만 상사라면? 그렇게 간단하지만은 않다.

정치계나 경제계에서 중역진의 압박감은 어마어마하다. 점점 더 많은 의사결정을 해야 하고, 급변하는 시장 속에서 경영진들에게 주어지는 요구 사항들도 마찬가지로 급변한다. 현실은 매우 다양하고 수시로 변하기 때문에 결정을 내려야 하는 사람들은 엄청난 압박감을 받는다. 많은 사람들이 이러한 압박감을 감당하기 어려워한다.

그렇게 되면 곤경과 절망감으로 매일 스트레스를 받는 누군가의 입에서 무심코 어떤 말이 튀어나올 수 있다. 많은 사람들은 그가 실수로 그런 말을 했음을 알고 있다. 회사 분위기가 어느 정도 좋게 형성되어 있다면 체면을 생각해서 아무도 상사에게 공개적으로 이의를 제기하지는 않을 것이다. 상사를 존중하고 그의 체면을 지켜 주고 싶기 때문이다. 회의가 끝나면 누군가 상사를 한쪽으로 데리고 가서 단 둘이 이야기를 한다. 그러면 다음 회의 때 내용이 수정되어 있다.

하지만 회사 분위기가 좋지 않으면, 이를테면 침묵과 억압, 명령이 오랜 전통인 회사라면 아무도 상사에게 그런 이야기를 꺼내지 않을 것이다. 상사에게 솔직하게 말하는 일은 전혀 없을 것이고, 그저 뒤에서 수군거리기만 할 것이다. 하지만 이렇게 하는 것은 양쪽 모두에게 좋지 않다.

그런데 상사가 거짓말을 일삼는 태도를 지녔다면 상황은 완전히 다르다. 상사가 거짓말을 하면 더 이상 신뢰를 바탕으로 일하기가 불가능해지고 직원들은 생존 모드에 도입한다. 이를테면 '되도록이면 내 일만 하고 상사를 멀리해야겠어. 어쩔 수 없이 상사를 피할 수 없을 때에는 상사의 거짓말 때문에 내가 입은 피해를 어떻게든지 되돌려야 해. 아니면 아예 다른 일을 찾아보던가.'라고 생각한다.

회사나 조직에서 갈등 관계에 있는 상사가 아주 의도적으로 거짓말을 하는 일은 아직 비교적 드물다. 하지만 실로 그런 일이 벌어지기도 한다. 그 이유는 매우 다양하다. 병폐적인 인사 구조, 도덕적 양심의 결핍, 태만, 과중한 부담, 잘못된 교육 등. 특히 무능한 상사들은 완전히 다른 방식으로 행동하는 경우가 많다. 그들은 수사적 수단인 체계적인 거짓말을 전혀 필요로 하지 않는다.

한 국가의 수장이 거짓말을 하는 일은 이제 전혀 새로운 일이 아니다. 하지만 우리가 미국 현직 대통령에게서 경험하는 거짓말의 규모는 가히 획기적이다. 이러한 점에서 보면 트럼프는 정말로 새로운 기준을 세웠다. 물론 그는 대통령에 취임하기 전부터 이미 악명이 높았다. 그렇기 때문에 클린턴은 일찍부터 미리 경각심을 가질 수 있었을 것이다.

2018년 7월에 〈쥐트도이체 차이퉁〉지는 바로 이 주제와 관련하여 〈워싱턴 포스트〉에서 팩트 체크 칼럼을 쓰는 글렌 케슬러와 인터뷰를 했다. 케슬러와 〈워싱턴 포스트〉는 트럼프의 진술에서 '거짓말'이라는 개념을 의도적으로 사용하지 않았다. 그 이유는 무엇일까? 트럼프가 실제로 자신이 내뱉은 말을 확신하고 있기 때문이다. "그는 특정한 순간에 자신이 하는 말을 믿습니다. 비록 24시간 후에 그 말을 완전히 번복하더라도 말입니다. 심지어 일주일 전에 자기가 했던 말도 반박하죠."

그 규모는 엄청나다. 2018년 6월 딱 하루에만 케슬러는 트럼프의 77(!)가지 거짓 진술을 입증할 수 있었다. 〈쥐트도이체 차이퉁〉 기자는 트럼프가 거짓 진술을 하는 것을 포착하기 어려울 것이라고 추측했다. 하지만 케슬러는 그의 추측을 이렇게 바로잡았다. 즉 트럼프를 반박하기는 지루할 정도로 간단하다고 말이다. "버락 오바마나 힐러리 클린턴의 허위 진술이나 오도된 진술을 입증하기는 일종의 도전이었습니다. 그들은 아주 교묘하게 진실을 감춥니다. 하지만 트럼프는 그렇게 하지 않습니다. 그는 전부 드러내 보입니다." 케슬러는 트럼프를 내용적으로 반박하는 것은 전혀 중요하지 않다고 생각한다. 오히려 그가 하는 거짓말의 엄청난 양이 중요하다고 본다. "우리는 다른 정치가들을 신경 쓸 겨를이 거의 없습니다."

격정의 양면

트럼프는 매우 극단적인 사례다. 물론 트럼프만이 거짓말을 일삼는 유일한 사람은 아니다. '독일을 위한 대안'당의 거짓말을 소재로도 몇 권의 책을 쓸 수 있을 것이다. 그들의 거짓말은 토크쇼에서도 계속 반복된다. 그들은 앙겔라 메르켈이 국경 통제를 폐지했다거나 난민이 자신들의 고향으로 '휴가 여행'을 떠난다는 등의 거짓 스토리를 끊임없이 지어낸다.

이렇게 상습적으로 거짓말을 일삼는 사람들과 어떻게 맞서 싸울 수 있을까? 보통 이러한 상습적인 거짓말쟁이들은 ─단기적이 아니라 중장기적으로─ 결국 자기 자신이 피해를 입는다. 그들이 현실에 더 이상 적절하게 대응하지 않기 때문이다. 그런데도 이러한 거짓말쟁이들은 엄청난 개인적, 사회적 영향력을 발생시킨다. 거짓말은 그 자체로 무지한 자들의 기술에 속하지 않는다. 하지만 거짓말하는 태도는 무지함의 특수 경우로 이해될 수 있다. 말하자면 나에게 불쾌한 현실 혹은 나의 자아상이나 세계상을 의문시하는 현실의 일부를 다른 사람들 앞에서 부인하는 태도이기 때문이다.

상습적인 거짓말쟁이들의 마음을 움직여서 그들이 통찰력을 지닐 수 있도록 교정시킬 가능성은 매우 미미하다. 황소의 뿔을 꼬집어봤자 황소는 아무것도 느끼지 못한다. 그렇기 때문에 그들에게 품위 있는 도덕적인 판단을 내리려고 애써봤자 소용이 없다. '우리가 지금 들은 말은 또 말도 안 되는 거짓말입니다.' 상대는 이런 말에 어떻게 대답할까? '그래요, 당신 말이 맞아요. 저는 거짓말을 했고 당신은 제 거짓말을 알아차렸군요!' 라고 대답할까? 아니면 '저는 계속 거짓말을 하고 있는데, 그 사실을 전혀 신경 쓰지 않습니다!'라고 대답할까?

그들로부터 보통 이러한 자백을 기대하기는 어렵다. 오히려 트럼프의 방식처럼 매번 모든 것을 부인할 것이다. 기껏해야 선의의 잘못이었다거나 잘못 이해했다고 간신히 인정할 것이다.

유감스럽게도 공적인 거짓말은 사람과 사람이 직접적으로 대면하는 상황에서 '거짓말'이라고 명료하게 드러낸다고 해서 쉽게 누그러지지 않는다. 특히 소수의 거짓에 그치지 않고 거짓말을 일삼는 행태가 의사소통 전체에 스며들어 있다면 더욱 그러하다. 이때 도덕적 분노가 발생하는 것은 당연한 일이다. 하지만 거짓말쟁이와 직접적인 대면을 할 경우 이러한 도덕적 분노는 아무 도움이 되지 않는다. 또한 분노의 대상이 거짓말쟁이인 상대가 아니라 그의 거짓말을 믿는 청중이라는 사실을 분명히 알아야 한다. 말하자면 나의 분노가 직접적으로 상대를 향하게 해서는 안 된다.

힘이 있는 위치에서는 공적인 거짓말에 대처하기가 상대적으로 수월할 수 있다. 2015년 독일 공영방송 아에르데의 프로그램 '파노라마' 편집부는—지금까지도 시청 가능한—한 유튜브 비디오에서 '독일을 위한 대안'당 간부의 허위 주장이 어떻게 단순한 추가질문으로 반박되는지를 모범적으로 보여주었다. '독일을 위한 대안'당의 한 지역위원장이 공식 모임에서 분노와 경악을 금치 못하며 난민이 저지른 폭력 사건을 거론하며 경찰과 사법기관이 아무 일도 하지 않는다고 비판한다. 한 카메라 팀이 그의 주장에 대한 증거에 대해 묻자 그는 갑자기 꼬리를 내리며 말한다. "증거는 없습니다… 지금은요… 정확히 현재는요. 하지만 기꺼이 증거를 댈 수 있습니다… 증거를 찾아보겠습니다."

그러자 리포터가 말한다. "당신은 지금 카메라 앞에서 말하고 있습니다. 누군가 폭력을 당했다고 말입니다. 그래서 저는 증거가 있냐고 두 번 묻고 있습니다. 그런데 당신은 지금은 증거가 없다고 말합니다. 언제, 어디에서, 누가, 누구로부터? 당신이 그런 말을 할 때에는 이런 사실을 반드시 알아야 합니다." 그 정치인은 아무 말도 하지 못하고 입만 씰룩거린다. 그는 자신이 이야기한 사건에 대해 전혀 모르는 것처럼 보이고 시선을 떨어뜨린 채 '흐음'이라고 중얼거린다. 그러더니 고개를 끄덕이고 리포터를 다정하게 바라보며 이렇게 말한다. "당신이 기자 업무를 아주 훌륭히 하고 있음을 인정합니다. 지금 제 허점을 이렇게 찌르고 있군요…" 그는 환하게 웃으며 계속 말한다. "지금 여기에서 자세한 사항을 말할 수는 없습니다." 그는 나중에 리포터에게 이메일을 보내 이 사건이 '존재하지 않지만 그 대신 다른 사건'이 있다고 고백했다.

그는 실제로 이와 같은 고백 아닌 고백을 했다. 막강한 공영 방송 편집부와 카메라맨에 둘러싸인 지역위원장은 분명히 압박감을 느꼈고 수많은 청중들 앞에서 완전히 웃음거리가 되었다. 물론 대중 매체 경험이 많은 정치인이었다면 보다 잘 대처했겠지만 말이다.

하지만 보통 이러한 압박감은 잘 생겨나지 않는다. 상대가 터무니없는 진술을 아주 확신에 차서 주장할 경우 직접적인 대면 상황에서는 오로지 앞에서 이미 설명한 수단으로만 반격할 수 있다. 즉 지위를 거론하며 천천히 말하고 분명한 무브 토크를 하는 것이다. 특히 이때 실제 사실을 되도록 쉽게 이해될 수 있도록 여러 번 반복하며 말하는 것이 매우 중요하다.

또 다른 짤막한 사례를 들어보겠다. 해마다 가을에는 이듬해의 예산이 타결된다. 모든 간부들은 예산 확보를 위해 이사회 앞에서 회계 수치를 발표한다. 당연한 일이다. 수년 동안 영업부를 맡고 있는 여성 부장이 내년 예산안을 발표할 때 신임 마케팅 팀장이 이렇게 말한다. "당신의 예산안은 전혀 믿을 수가 없습니다. 지난 몇 년과 완전히 똑같군요."

이는 분명한 거짓말이다. 왜냐하면 이 영업부 부장은 그 누구보다도 수치를 철저하게 준비하기 때문에 지난 몇 년 동안 아주 정확한 예측을 해 오고 있기 때문이다. 그럼에도 몇몇 신임 동료들은 확신이 없다. 그녀가 이의를 제기하자 마케팅 팀장은 거짓말을 다시 한 번 반복한다. "지난 몇 년하고 똑같다니까요."

이제 그녀는 짧게 손을 들고(무브 토크) 태연한 표정을 지으며 그를 바라보며 이렇게 말한다. "팀장님, 지난 몇 년간의 수치들은 정확했습니다. 그리고 이 수치들도 정확합니다." 그는 반복한다. "수치가 제멋대로군요."(베이직 토크) 그녀는 천천히 말한다. "당신은 마케팅 팀장입니다. 저는 영업부 부장입니다."(지위 규명) "이 수치들은 정확합니다. 지금 이 수치도 똑같이 정확하고요."(베이직 토크) 마케팅 팀장은 어깨를 으쓱거리며(무브 토크!) 다시 한 번 말한다. "제멋대로군요." 하지만 그의 말에서 주저함이 맴돌고 있음을 느낄 수 있다. 비록 그가 자신의 진술이 잘못되었음을 인정하지는 않았지만 말이다.

거짓말은 막강한 힘을 가지고 있다는 사실을 우리는 분명히 알아야 한다. 거짓말은 일단 모습을 드러내면 효력을 발생시킨다. 그렇기 때문에 앞에서 언급한 수단들로 공공연한 거짓말에 대응한다면 적어도 소통의 균형을 얻을 수 있다. 이는 분명 우리가 바라는 것에는 미치지 못하겠지만, 그 이상의 것을 기대해서는 안 된다. 또한 이러한 대적 방식의 의미는 상대가 자신의 입장을 철회하게 만드는 데에 있지 않다. 상대는 자신만의

가짜 뉴스에 확신을 가지고 있다. 우리는 자칫하면 이 사실을 놓칠 수 있다. 오히려 상대가 만들어 내는 장면의 증인이 되어 해당 사안에 대해 다양한 해석 가능성이 있다는 사실을 분명히 하고 이러한 가능성을 동등하게 제안하는 것이 중요하다. 터무니없는 주장들이 반사적으로 당연한 사실처럼 설명되는 상황에서는 이렇게 하는 것이 가장 최선이다.

물론 어떤 맥락에서 이러한 거짓말들이 발생하느냐에 따라 차이가 있다. 트럼프와 클린턴의 경우에는 허위진술들의 공격과 반격이 이루어진 무대가 TV 토론이었다. 게다가 이때는 아무것도 결정되지 않은 시점이었다. 하지만 직원과 상사가 대면하는 경우는 완전히 다르다. 이 관계에서는 힘이 동등하게 분포되어 있지 않다. 수직적인 상사가 미팅에서 모든 부서 앞에서 거짓말을 한다? 그렇다면 나는 상사에게 이의를 제기할 것인지, 만약 그렇다면 언제 제기할 것인지를 곰곰이 생각하게 된다. 내가 상사의 허위진술로부터 직접적인 타격을 받는다면 곧바로 대항할 것이다. 분명히. 하지만 객관적인 사안에 대한 허위진술이라면 모두가 보고 듣는 앞에서 드러내놓고 이의를 제기하는 것보다 둘이서 조용히 이야기하는 것이 더 생산적이지 않을까 고민하게 된다. 그럼에도 모두가 보는 앞에서 이의를 제기해야겠다면 먼저 지위를 인식시켜 주고('당신은 상사입니다') 그다음에 반대 의견을 제시하는 것이 좋다. 반대 의견을 제시할 때에는 상대의 거짓말이 의도적이라는 것이 확실하더라도 상대가 오해를 인정할 수 있는 여지를 남겨두는 것이 좋다.

특히 거짓말하는 상대가 수직적인 위치에 있는 사람이라면 침착함을 유지하는 것이 무엇보다도 중요하다. 흥분과 격앙 속에서 이의를 제기하면 그만큼 동작이 산만해지고 말속도도 빨라지기 때문에 수직적인 대화 상대가 자신에게 제기된 이의를 사소하게 넘겨버리기 쉽다. 그러한 상대에게 최소한 이러한 호의를 베풀지는 말아야 한다.

13

무지한 자들과 이야기하다

혹은 :
10가지 황금 법칙

상대에게서 배우기

도널드 트럼프와 같은 사람이 분위기를 장악한다는 것은 확실한 사실이다. 또 이 책에서 언급된 여러 사례들처럼 공공 언론도 마찬가지다. 공공 언론도 무지한 자들의 기술을 보여주는 아주 많은 사례들을 제공한다. 도널드 트럼프는 무지한 자들 중에서 가장 최고다. 하지만 우리가 잊지 말아야 할 사실은 트럼프와 같은 사람에 대해 아무리 화를 낸다고 해도 그는 실제로 수많은 사례 중 하나일 뿐이라는 점이다. 그는 그저 거대한 언론과 그에게 주어진 객관적인 역할 때문에 눈에 띌 뿐이다. 하지만 그가 분명하게 보여주는 행동방식 자체는 특별히 독특하지도 획기적일 정도로 새롭지도 않다. 트럼프와 같은 사람들은 정치계와 같은 공적 사회뿐만 아니라 도처에 존재한다. 많은 사람들이 그러한 사람들을 불쾌하게 여겨도 그들에게 적절한 대처를 하지 않을 경우 그들은 어디에서나 자신의 뜻을 관철시킨다. 여기서 적절하다는 의미는 자신에게 익숙한 방식대로 상대를 대하는 것이 아니라, 상대의 언어 패턴을 직접 행하는 도전을 시도한다는 것을 뜻한다.

그렇다. 트럼프도 나의 상대(적수가 아니라)일 수 있다. 여러분은 이 사실을 이미 이 책에서 확인했을 것이다. 내가 지금까지 직장 생활에서 마주쳤던 상대를 떠올려보면 그에게서 많은 중요한 것을 배울 수도 있었음을 인정할 수밖에 없다. 물론 그 사람과 충분한 거리를 두고 싶었지만, 항상 그렇게 할 수는 없었다. 나중에 돌이켜 생각해 보니 내가 상대를 도덕적으로 폄하했을 때 상대로부터 거의 아무것도 배울 수 없었다. 분노와 반발심 같은 감정 때문에 상대의 정당한 관심사도, 그의 기술적인 방식도 제대로 인식하지 못했다. 특히 기술적인 부분은 매우 지적인 자극이 될 수도 있다.

나는 경제계와 정치계에서 지도적인 위치에 있는 많은 의뢰인들과 오랫동안 함께 일하고 있다. 나는 의사소통의 범위에 대해서 오랫동안 잘 몰랐음을 인정할 수밖에 없다. 지구상의 모든 사람들은 원하든 원하지 않든 끊임없이 소통한다. 하지만 대부분의 사람들은 마치 자동 조종장치처럼, 다시 말해 성찰이나 비판, 의식 없이 소통한다. 자신의 소통 방식을 비판적으로 탐구하는 사람들도 거의 없다. 또한 깊이 생각하지 않고 그저 반사 작용에 따라 소통한다. 사람들은 모든 사람이 자신의 어법을 곧바로 이해한다고 전제한다. 도널드 트럼프와 같은 사람들을 감안하면 이러한 전제는 너무 순진하다는 사실을 명심해야 한다. 이러한 잘못된 가정은 막강한 기업의 경우 엄청난 경제적 손실로 이어지고 일자리를 파괴하며 성공가도를 말살한다. 또한 정치계에서는 처참한 결과와 막대한 손실을 야기하며 정치적 이력에 큰 피해를 입힐 수 있다.

나는 내가 선호하는 소통방식을 고집하고 상대도 자신의 언어구조가 정상적이고 의심의 여지없이 우세하다고 생각한다. 그렇기 때문에 서로의 관심사에 해당되는 내용들이 소통되기가 힘들다. 정치 토론에서 상대의 계속되는 지적인 논거에 무브 토크로 대응하는 사람은 무지한 자일 수 있다. 지위와 영역을 표시하는 것이 중요하다는 신호를 분명하고 명백하게 보내는 상대와 대면할 때 오로지 차별화된 담론에만 의존하는 사람도 마찬가지로 무지한 자일 것이다. 한쪽이 다른 쪽의 소통 방식을 전혀 모른 채 소통한다면 그것은 결국 무지한 자들끼리의 싸움이다. 무지한 자들을 대적하는 최선의 방법은 전환이다. 즉 두 시스템 사이를 오갈 수 있는 능력이다. 이 사실을 명심한다면 가망 없는 무지한 자들과 성공적인 소통을 할 수 있는 첫걸음을 내딛은 것이다.

수직적인 소통 시스템에 있는 사람들, 즉 내용적 이야기를 시작하기 전에 지위와 영역을 먼저 규명하려는 사람들과는 처음부터 수평적으로 소통하면 안 된다. 그렇게 하면 그들은 나를 진지하게 받아들이지 않고 내 말에 집중하지 않는다. 반면 유대감과 내용 규명을 중시하며 수평적으로 소통하는 사람들에게는 첫 만남에서 곧바로 지위나 영역에 대한 신호를 보내지 않는 것이 좋다.

말하자면 규칙은 아주 간단하다. 즉 수직적인 소통에는 수직적인 전략으로 대응하고, 수평적인 소통에는 수평적인 전략으로 대응하는 것이다. 물론 이를 실제로 행동으로 옮기기는 매우 어렵다. 특히 수십 년 동안 자신의 언어구조에만 단련되어 있는 사람이라면 말이다.

또한 유감스럽게도 두 시스템 사이를 오갈 수 있는 능력을 습득하는 것을 매우 힘들게 만드는 또 다른 현상이 존재한다. 바로 우리가 항상 동질화된 집단 속에만 머무른다는 점이다. 인터넷은 이러한 반향실 효과(미디어를 통해 자신의 기존 관점이나 신념을 강화하는 정보를 반복 습득하는 현상-옮긴이)를 추가적으로 증폭시켰다. 폐쇄된 환경에서는 자신의 언어 행동을 상대화시키지 못한다. 자신이 가진 전문 용어를 남발하는 건축 기술자('육각 렌치가 그 어떤 소켓 렌치보다 낫지.')는 특수 개념 속에서 파묻혀 사는 교수('데리다? 차라리 보드리야르를 읽어 보는 것이 좋을 거야.')만큼 편협한 사람이다. 가장 최근의 젠더 연구 결과를 항상 몸으로 보여주는 여성 편집인은 정보기술 부서의 컴퓨터 괴짜만큼이나('이건 그냥 HKI 에러야.') 편협하게 소통한다. 이처럼 종파적인 행동방식은 두 시스템 사이의 전환을 가로막는다. 그러므로 여러 환경을 경험해 보는 것이 중요하다.

여러분이 이 책을 읽음으로써 지금까지 이해할 수 없었던, 여러 대화나 미팅, 토론을 막다른 골목으로 이끌었던 수단들에 대해 눈을 떴다면, 이 책을 읽으면서 여러분 자신의 소통 방식을 시험대에 올리기 시작했다면, 이른바 무지한 자들 앞에서 도덕적 우월감을 느껴봤자 아무런 도움이 되지 못한다는 인식을 깨닫기 시작했다면, 이 책에서 제시하는 여러 조언과 수단들이 우리가 매사에 사회 속에서 마주치는 단순하고 무지한 자들을 효과적으로 대적하는 데에 도움이 된다면 이 책은 목적을 달성했다. 수많은 일정 때문에 시간이 거의 없다? 그래서 짧은 사용설명서처럼 빠른 시작을 했으면 좋겠다? 그렇다면 마지막으로 무지한 자들에게 대적하는 10가지 규칙을 소개하고자 한다.

혹은 : 10가지 황금 법칙   213

황금 법칙

규칙 1 : 자신의 언어 습관을 비판적으로 탐구하라

당신이 속한 사회적 계층 외의 사람들과 흥미롭고 유창하게 대화할 수 있는가? 만약 그들과 이야기할 때 늘 말이 막힌 다면 그것은 당신의 언어적 약점을 보여주는 것이다. 문제 는 상대에게 있는 것이 아니라 당신에게 있다. 하지만 용기 를 내라! 용기를 가지고 낯선 환경으로 가 보라. 그리고 정 말로 다른 사람들에게 약간의 호기심을 갖도록 하라.

규칙 2 : 반사적인 도덕적 분노를 내려놓아라

당신이 통제할 수 없는 반사 반응에 주의하라. 물론 당신의 신념을 배반하라는 것이 아니다. 하지만 자만에 빠진 행동 에서 벗어날 필요는 있다. 상대가 당신만큼 달변에 능하지 않은 사람이거나 교양 있게 말하지 못한다고 해서 그는 전 인류의 적이 아니다. 도덕은 선하고 아름다운 것이다. 하지 만 통제가 불가능한 반사적인 속단은 금물이다.

규칙 3 : 논쟁의 요점에서 벗어난 소통을 인지하라

상대가 논쟁 주제에 관심을 보이지 않을 때 그가 어떻게 소통하는지를 숙고해 보는 것이 좋다. 상대는 분명히 동작이나 시선, 휴지기, 자세 등을 사용하여 소통할 것이며, 완전한 문장으로 말하지도 않을 것이다. 하지만 이 또한 소통이다!

규칙 4 : 분명하게 발언하라

분명하게 발언하는 것은 아주 강력한 무기가 될 수 있다. 특히 소통의 흐름이 막히는 경우에는 곤궁에서 벗어나는 지름길이 된다. '당신은 지금 제 말을 두 번째 중단시키고 있군요.' 혹은 '제가 당신하고 이야기할 때 당신은 저를 전혀 바라보지 않군요.', '당신은 손가락으로 책상을 두드리네요.', '오래 걸렸군요.' 참고 웃어넘기는 대신 분명하게 발언한다면 상황을 완전히 뒤집을 수 있다. 한번 시도해 보라.

규칙 5 : 상대가 내 말을 경청하리라고 가정하지 말라

누군가 내 이야기를 잘 들어주면 참 좋다. 하지만 너무나 유감스럽게도 이는 당연한 일이 아니다. 세상에는 자기 자신의 이해관계에 너무 몰두하여 다른 사람의 말을 습관적으로 경청하지 않는 사람들이 당신이 생각하는 것보다 많다. 심지어 공식적인 '회의 상황'에 있을 때에도 그렇다. 그런 사람들이 앉아 있다는 이유만으로 그들이 남의 말을 귀 기울여 들을 것이라는 착각을 해서는 안 된다.

규칙 6 : 객관성이 결여된 말을 들어도
패닉에 빠지지 말라

객관적인 논거를 사용하여 말하는 당신에게 가해진 공격이
성공하지 못할 경우(당신이 자신의 전문 분야에 대단히 정통해 있기
때문에) 상대는 언젠가 객관성이 결여된 말을 하게 될 것이
다. 그렇게 되면 당신도 게임에 동참해야 한다. 마음이 상해
서 말을 그만두지 말고 베이직 토크에는 베이직 토크로 응
수하라. 아주 침착한 자세로 무지한 자에게 무지를 선물하
는 것이다.

규칙 7 : 교착 상태의 아름다움을 인지하라

당신이 항상 문제를 해결해야 한다고 누가 그러는가? 특히
상대가 오로지 자기 입장만 중요하게 여긴다면? 그렇지 않
다. 수직적인 소통을 할 때에는 위험을 무릅쓰고 미팅을 완
전히 실패하게 만드는 것이 강점의 신호가 될 수 있다. 그러
면 화가 날 수도 있다. 하지만 이로 말미암아 다음 번 미팅
이 달라질 수 있는 가능성이 높아진다.

규칙 8 : 천천히 승리하라

아주 뛰어난 말을 빠른 속도로 연달아하는 하는 것은 수직적으로 소통하는 사람과 충돌하는 상황에서 조금도 도움이 되지 않는다! 상대는 기껏해야 당신의 그러한 말재주에 공감을 가질 수는 있지만 말의 내용을 중요하다고 생각하지 않는다. 반대로 단어를 곱씹으며 천천히 말하고 계획적으로 말을 중간 중간 멈추면서 냉담한 표정으로 같은 주제를 반복해서 말한다면 상대는 이에 반응하게 된다. 그렇게 하기가 어려운가? 그래도 한번 참고 시도해 보라. 분명히 그만한 가치가 있다.

규칙 9 : 예의를 상대화하라

교육 받은 사람들 중에도 몹시 거친 사람이 분명히 있다. 이는 놀랄 만한 사실이 아니다. 거친 통나무에는 거친 쐐기가 어울린다는 것은 단지 절반만 사실이다. 그렇다면 예의의 표준을 지키는 방법은 무엇일까? 바로 상대와 똑같이 무례해지는 것이다. 그렇게 되면 예의가 다시 요구된다. 조금은 궤변처럼 들리겠지만 말이다.

규칙 10 : 정당화하지 말라

어느 정도 교양 있는 대화에서는 정당화하는 행동이 당연히 온당하다. 말하자면 상대에게 나의 행동에 대해 설명할 수 있어야 한다. 하지만 상대가 끊임없이 권력 놀이를 연출한다면? 그리고 오로지 지위와 영역에 관한 메시지만 보낸다면? 이러한 상황에서는 유감스럽게도 논리를 펴는 행위가 순식간에 정당화나 변명으로 이해된다. 그러면 나는 꼼짝 못하게 제압당하게 된다. 그러므로 정당화하는 행동으로 이해될 수 있는 모든 것을 조심해야 한다. 차라리 입을 다물고 있거나 나 역시 공격적인 태도를 취하는 편이 나을 수 있다.

참고문헌

Adorno, Theodor, *Minima Moralia. Reflexionen aus dem beschä-digten Leben*, Frankfurt a. M. 2016 (29. Aufl.)

AFP-Meldung, AfD im Petitionsausschuss: »Falschinformationen, Lügen und persönliche Denunziation«, https://www.faz.net/ak tuell/politik/inland/afd-mitglieder-sollen-petitionsrecht-miss braucht-haben-15913399.html, 28.11.2018 (zuletzt abgerufen am 6.12.2018)

Akers, Matthew, *Martina Abramović: The Artist Is Present* (DVD), Berlin 2013

Aland, Kurt, u. a. (Hrsg.), *The Greek New Testament*, London 1966

Albright, Madeleine, *Fascism. A Warning*, London 2018

Dies., *Madam Secretary. A Memoir*, New York 2003

Arenhoevel, Diego/Deißler, Alfons/Vögtle, Anton (Hrsg.), *Die Bibel*, Vollständige deutsche Ausgabe, Freiburg – Basel – Wien 1965

Assheuer, Thomas, »Warum Trump kein Lügner ist«, in: *Die Zeit*, 30.8.2018, S. 37

Badke-Schaub, Petra, u. a., *Human Factors. Psychologie sicheren Handelns in Risikobranchen*, Heidelberg 2008

Baker, Peter, u. a., »Interview mit Donald Trump (Excerpts)«, *The New York Times*, https://www.nytimes.com/2017/07/19/us/po litics/trump-interview-transcript.html, 19.7.2017

Bauer, Joachim, *Warum ich fühle, was du fühlst: Intuitive Kommunikation und das Geheimnis der Spiegelneurone*, München 2006

Beard, Mary, *Women and Power. A Manifesto*, London 2017

Berbner, Bastian, »Mit euch kann man doch eh nicht reden«, in: *Die Zeit*, 20.9.2018, S. 13–15

Bernard, Andreas, *Das Diktat des Hashtags. Über ein Prinzip der aktuellen Debattenbildung*, Frankfurt a. M. 2018

Blaffer Hrdy, Sarah, *Mutter Natur. Die weibliche Seite der Evolution*, Berlin 2000

Boal, Augusto, *Theater der Unterdrückten, Übungen und Spiele für Schauspieler und Nicht-Schauspieler*, Frankfurt a. M. 1989

Bohnet, Iris, *What works. Wie Verhaltensdesign die Gleichstellung revolutionieren kann*, München 2017

Bordo, Susan, *The Destruction of Hillary Clinton*, New York 2017

Brazile, Donna, *Hacks. The Inside Story*, New York, Boston 2017

Brühl, Jannis, »Verschmutzung der öffentlichen Sphäre«. Interview mit Zeynep Tufekci, in: *Süddeutsche Zeitung*, 10.10.2018, S. 26

Bullock, Penn, Transkription des Gesprächs zwischen Donald Trump, Billy Bush und anderen anlässlich der Show »Access Hollywood«, New York Times, https://www.nytimes.com/2016/10/08/us/donald-trump-tape-transcript.html (zuletzt abgerufen 13.6.2018)

Butterwegge, Christoph, u. a., *Rechtspopulisten im Parlament. Polemik, Agitation und Propaganda der AfD*, Frankfurt a. M. 2018

Chang, Emily, *Brotopia. Breaking up the Boys' Club of Silicon Valley*, New York 2018

Clinton, Hillary Rodham, *What Happened*, New York/London 2017

Cooper, Sarah, *How to be Successful without Hurting Men's Feelings. Non-Threatening Leadership Strategies for Women*, London 2018

Coser, Lewis A., *Gierige Institutionen. Soziologische Studien über totales Engagement*, Berlin 2015

Dachsel, Felix, »Die Schwierigkeit wäre, dass sich ein Politiker prüfen lassen müsste wie ein Mineralwasser«, in: *Die Zeit*, 8.11. 2018, S. 60

Ders., »Was an Twitter fasziniert?«, in: *Die Zeit*, 30.8.2018, S. 50

Dark Horse Innovation, *New Workspace Playbook. Taktiken, Strategien, Spielzüge*, Hamburg 2018

Denkler, Thorsten, »Es ist deprimierend«. Interview mit Glenn Kessler, dem Faktenchecker der Washington Post, in: *Süddeutsche Zeitung*, 2.7.2018, S. 23

Dreher, Anna/Kneer, Christoph, »Ich lasse nicht den Eiswagen vorfahren«. Interview mit dem Interims-Bundestrainer der deutschen Frauen Horst Hrubesch, in: *Süddeutsche Zeitung*, 7./8.4.2018, S. 43

Emcke, Carolin, »Zerstörerisch. Kommentar zu Trumps Lügen«, in: *Süddeutsche Zeitung*, 27./28.10.2018, S. 5

Farrelly, Frank/Brandsma, Jeff, *Provocative Therapy*, Capitola 1974

Foucault, Michel, *Analytik der Macht*, hrsg. von Daniel Defert u. a., Frankfurt a. M. 2017 (7. Aufl.)

Ders., Überwachen und Strafen. Die Geburt des Gefängnisses, Frankfurt a. M. 1994

Frevert, Ute, »Ladies First«, in: *Süddeutsche Zeitung*, 15./16.10.2017, S. 49

Fried, Nico/Gammelin, Cerstin, »Politik ist keine Vorabendserie«. Interview mit Finanzminister Olaf Scholz, in: *Süddeutsche Zeitung*, 17./18.3.2018, S. 2

Fuchs, Christian, »Wie die AfD gezielt Lügen verbreitet«, in: *ZEIT online Blog*, https://blog.zeit.de/fragen/2017/09/01/afd-polen-mateusz-piskorski-luegen/, 1.9.2017 (zuletzt abgerufen 6.12.2018)

Gaschke, Susanne, *Volles Risiko. Was es bedeutet, in die Politik zu gehen*, München 2014

Gervais, Ricky/Merchant, Steven (Regie), *The Office. Die erste Staffel* (DVD), BBC Germany 2009

Habeck, Robert, *Wer wir sein könnten. Warum unsere Demokratie eine offene und vielfältige Sprache braucht*, Köln 2018

Hall, Edward T., *The Hidden Dimension*, Garden City, N.Y. 1966

Ders., *The Silent Language*, New York 1973

Helm, Miguel/Müller, Daniel, »Eine passende Lüge. Ausländer quält deutsche Frau«, in: *ZEIT online*, https://www.zeit.de/2018/38/falschbeschuldigung-hussein-h-erfindung-luege-afd, 12.9.2018 (zuletzt abgerufen 6.12.2018)

Hickmann, Christoph, »Die Chemie der Schlangengrube. Yasmin Fahimi neue Generalsekretärin der SPD«, in: *Süddeutsche Zeitung*, 21.1.2014, o. S.

Ders., »Ende einer Problembeziehung. SPD-Parteichef Gabriel ist seine ungeliebte Generalsekretärin Yasmin Fahimi los«, in: *Süddeutsche Zeitung*, 2.11.2015, S. 5

Ders., »Ein bisschen Wow. Wie Katarina Barley ihre Nominierung zur SPD-Generalsekretärin sieht«, in: *Süddeutsche Zeitung*, 3.11.2015, S. 5

Hustvedt, Siri, *Eine Frau schaut auf Männer, die auf Frauen schauen. Essays über Kunst, Geschlecht und Geist*, Hamburg 2019

Kant, Immanuel, *Beantwortung der Frage: Was ist Aufklärung?*, Saillon 2017

Kepplinger, Hans Mathias, *Die Mechanismen der Skandalisierung*, München 2012

Künast, Renate, *Hass ist keine Meinung. Was die Wut in unserem Land anrichtet*, München 2017

Karni, Annie, »The Man Who Became Donald Trump«, in: *Politico Magazine*, 14.1.2017, www.politico.com/magazine/story/2017/philippe-reines-donald-trump-214630, zuletzt aufgerufen 31.10.2017

Kepplinger, Hans Mathias, *Die Mechanismen der Skandalisierung*, München 2012

Kets de Vries, Manfred F.R., *Führer, Narren und Hochstapler. Die Psychologie der Führung*, Stuttgart 1998

Kläsgen, Michael/Slavik, Angelika, »Wie die sich schminken, ist ja unfassbar!«. Interview mit Douglas-Chefin Tina Müller, in: *Süddeutsche Zeitung*, 30.7.2018, S. 16

Kleist, Heinrich von, »Lehrbuch der französischen Journalistik«, in: ders., *Sämtliche Werke und Briefe*, Hrsg. von Helmut Sembdner, München 1993 (9. Aufl.)

Klemperer, Victor, *LTI. Notizbuch eines Philologen*, Stuttgart 2018

Kornelius, Stefan, »Immer Ärger mit den Jungs. Wie die Kanzlerin sich Respekt verschafft«, in: *Süddeutsche Zeitung*, 1./2.12.2018, S. 14

Koschmieder, Carsten, *Partizipation in der Piratenpartei. Die Schattenseiten einer sonnigen Utopie*, Opladen, Berlin, Toronto 2016

Kulick, Andreas, u. a., *Officina Humana. Das Büro als Lebensraum für Potenzialentfaltung*, Taunusstein 2017

Kulwin, Noah, »The Internet Apologizes …«, in: *New York Magazine*, 16.4.2018, http://nymag.com/selectall/2018/04/an-apology-for-the-internet-from-the-people-who-built-it.html (zuletzt abgerufen 21.8.2018)

Lambert, Victoria, »How Hillary Clinton found her voice through coaching«, in: *The Telegraph*, 9.10.2016

Lamprecht, Stefanie, »Hetze auf Facebook. AfD verbreitet Lügen über angebliches Luxus-Flüchtlingsheim«, in: *Express*, https://www.express.de/news/politik-und-wirtschaft/hetze-auf-facebook-afd-verbreitet-luegen-ueber-angebliches-luxus-fluechtlingsheim-30711336, 1.7.2018 (zuletzt abgerufen 6.12.2018)

Landtag von Baden-Württemberg, 65. Sitzung vom 14. Juni 2018, https://www.landtag-bw.de/files/live/sites/LTBW/files/doku mente/WP16/Plp/16_0065_14062018.pdf, (Sitzungsprotokoll, S. 3859)

Landtag Mecklenburg-Vorpommern, 3. Sitzung am 7. Dezember 2016, Wortentzug für AfD-Abgeordneten, https://www. landtag-mv.de/fileadmin/media/Dokumente/Parlamentsdo kumente/Plenarprotokolle/7_Wahlperiode/PlPr07-0003.pdf (S. 67)

Langeder, Martin/Linnartz, Mareen, »Ich war eine Kunstfigur«. Interview mit Ewa Glawischnig, in: *Süddeutsche Zeitung*, 16.11. 2018, S. 19

Lauer, Christoph, »Echt guter Auftritt«. Talkshows vergiften den Diskurs, *Die Zeit*, 21.6.2018, S. 9

Lee, Bandy (Hrsg.), *The Dangerous Case of Donald Trump. 27 Psy-chiatrists and Mental Health Experts Assess a President*, New York 2017

Leinemann, Jürgen, *Höhenrausch. Die wirklichkeitsleere Welt der Politiker*, München 2006

Leo, Per, u. a., *Mit Rechten reden*, Stuttgart 2017

Lichtmesz, Martin/Sommerfeld, Caroline, *Mit Linken leben*, Schnell-roda 2017

Lochocki, Timo, *Die Vertrauensformel. So gewinnt unsere Demo-kratie ihre Wähler zurück*, Freiburg i. Br. 2018

Lobe, Adrian, »›SAD‹: Der Politdiskurs wird zum Computer-code«, in: *Neue Zürcher Zeitung*, 10.8.2018, S. 37

Lobenstein, Caterina/Pletter, Roman, »Diese Leute sind immun gegen Kritik«. Interview mit Elizabeth Currid-Halkett, in: *Die Zeit*, 8.6.2017, S. 23

Losse, Katherine, *The Boy Kings. A Journey into the Heart of the Social Network*, New York 2012

Luhmann, Niklas, *Der neue Chef*, Berlin 2016

Modler, Peter, *Das Arroganz-Prinzip. So haben Frauen mehr Erfolg im Beruf*, Frankfurt a. M. 2015 (15. Aufl.)

Ders., *Die Königs-Strategie. So meistern Männer berufliche Krisen*, Frankfurt a. M. 2012

Ders., *Die Manipulationsfalle*, Frankfurt a. M. 2014

Ders. *Die freundliche Feindin. Weibliche Machtstrategien im Beruf*, München, Berlin 2017

Ders., »Der Anspruch auf Authentizität als potenzielle Falle«, in: *Das Arroganz-Prinzip* (Audiobook, per Download von www.drmodler.de)

Ders., »Die Sprache der Anderen. Erfahrungen aus den ›Arroganz-Trainings® für leitende Frauen‹«, in: *OrganisationsEntwicklung*, 4/2014, S. 11–15

Ders., »Inhalte später. Wie sich Frauen in Meetings durchsetzen«, in: *Xing*, www.xing.com, online am 12.2.2019

Münch, Peter, »Rechts außen. Innenminister Herbert Kickl«, in: *Süddeutsche Zeitung*, 11.12.2018, S. 3

O'Neil, Cathy, *Weapons of Math Destruction. How Big Data Increases Inequality and Threatens Democracy*, London 2016

Pao, Ellen, *Reset. My Fight for Inclusion and Lasting Change*, New York 2017

Parnack, Charlotte, »Twitter ist wie ein Freibad«, in: *Die Zeit*, 6.9. 2018, S. 48

Paskin, Glenn, »The 1990 Playboy Interview With Donald Trump«, in: *Playboy*, 1.3.1990, www.playboy.com

Pfaffenbach, Kai, »Foto vom Händedruck zwischen Trump und Putin beim G-20-Gipfel«, in: *Süddeutsche Zeitung*, 8./9.7.2017, S. 2

Pfaller, Robert, *Erwachsenensprache. Über ihr Verschwinden aus Politik und Kultur*, Frankfurt a. M. 2017

Ders., *Kurze Sätze über gutes Leben*, Frankfurt a. M. 2015

Platon, *Apologie des Sokrates*, übers. v. Rafael Ferber, München 2011

Plessner, Helmuth, *Grenzen der Gemeinschaft. Eine Kritik des sozialen Radikalismus*, Frankfurt a. M. 2015 (5. Aufl.)

Reza, Yasmina, *Frühmorgens, abends oder nachts*, München 2008

Ronson, Jon, *In Shit-Gewittern. Wie wir uns das Leben zur Hölle machen*, Stuttgart 2016

Rosenberg, Marshall B., *Gewaltfreie Kommunikation. Eine Sprache des Lebens*, Paderborn 2010

Roth, Jürgen, »*Sie Düffeldoffel da!*«. *Herbert Wehner – ein komischer Heiliger*, CD mit Booklet, München 2010

Ders., *Helmut Schmidt. »Politik ist ein Kampfsport«*, CD mit Booklet, München 2011

Ders., *Franz Josef Strauß. »Mich können Sie nicht stoppen, ich bin da!«*, CD mit Booklet, München 2012

Rühle, Alex, »Waffen des Lichts. Muss man mit den Rechten reden?«, Interview mit David Begrich und Thomas Wagner, in: *Süddeutsche Zeitung*, 28./29.10.2017, S. 17

Schneider, Jens/Deininger, Roman, »Die Fremden. Ein Jahr AfD im Bundestag«, in: *Süddeutsche Zeitung*, 8./9.9.2018, S. 11–13

Schüssler, Matthias, »Wenn der Hashtag alles gleichmacht«, in: *Tages-Anzeiger*, Zürich, 26.9.2018, S. 33

Sennett, Richard, *Verfall und Ende des öffentlichen Lebens. Die Tyrannei der Initimität*, Berlin 2008

Séville, Astrid, *Der Sound der Macht. Eine Kritik der dissonanten Herrschaft*, München 2018

Stegemann, Bernd, »Achtung, echte Menschen! Das Theater huldigt dem Authentischen«, in: *Süddeutsche Zeitung*, 3.1.2017, S. 9

Stoelb, Marcus, »Gabriels Neue. Porträt der designierten SPD-Generalsekretärin Katarina Barley«, in: *Badische Zeitung* 3.11.2015, S. 4

Stone, Roger, *Stone's Rules. How to Win at Politics, Business and Style*, New York 2018

Tannen, Deborah, *Talking from Nine to Five. Women and Men at Work*, New York 1994

Dies., *That's Not What I Meant!, How Conversational Style Makes Or Breaks Relationships*, London 2010

Dies., »The Power of Talk: Who Gets Heard and Why«, in: *Harvard Business Review*, Sept./Okt. 1995, S. 138–148 von Euw, Stéphanie, *Dans les entrailles du pouvoir. La face cachée des cabinets ministériels*, Paris 2014

Wehling, Elisabeth, *Politisches Framing. Wie eine Nation sich ihr Denken einredet*, Köln 2016

Willemsen, Roger, *Das Hohe Haus. Ein Jahr im Parlament*, Frankfurt a. M. 2016 (6. Aufl.)

Wolff, Michael, *Fire and Fury. Inside the Trump White House*, London 2018

Woodward, Bob, *Fear. Trump in the White House*, New York 2018

ARD-Mediathek, »Panorama«, AfD Niedersachsen: Gier Lügen und Intrigen, https://www.ardmediathek.de/ard/player/Y3Jp ZDovL25kci5kZS8zMDFhYzFhMi0yZjQzLTRjMDctOWQ 4Zi0yODFkNWFjODDQwZWI/, veröffentlicht am 5.10.2017 (zuletzt abgerufen 6.12.2018)

Badische Zeitung, Eklat im Landtag: AfD-Politiker Stefan Räpple provoziert Polizeieinsatz, https://www.youtube.com/watch? v=mPeaEWsNoPc, veröffentlicht am 18.12.2018 (zuletzt abgerufen 31.12.2019)

Bauder, Marc (Regisseur), *Master of the Universe* (DVD), 2013

CBS this Morning, Bernie Sanders on how Donald Trump won presidency, 14.11.2016, https://www.youtube.com/watch?v=zl muKtyhDKg (zuletzt abgerufen 2.8.2018)

CNN, Clinton flüchtet vor Reines, der Trumps Begrüßung darstellt, http://edition.cnn.com/videos/us/2017/05/19/clinton-avoids-trump-hug-llr-orig.cnn (zuletzt abgerufen 30.10.2017)

CNN, What »The Apprentice« can teach us about Trump, 23.1.2017, https://www.youtube.com/watch?v=NRjIZwg879s (zuletzt abgerufen 25.7.18)

CNN, Trump's never-ending handshake with Macron, 14.7.2017, https://www.youtube.com/watch?v=1DwijJfVbBg (zuletzt abgerufen 2.8.2018)

CNN, Trump jokingly brushes »dandruff« off Macron, https://www.youtube.com/watch?v=j22BQe5L3bM, veröffentlicht am 24.4.2018 (zuletzt abgerufen 4.12.2018)

CNN, »Larry King live« vom 15.4.1989, Trump wirft King Mundgeruch vor, https://www.youtube.com/watch?v=1swZbBWUuOc (zuletzt abgerufen 3.8.2018)

CNN, Republican Presidential Debate 2016 Simi Valley, California (September 16, 2015 – Early Debate), https://www.youtube.com/watch?v=ARB4HdhGFQM (zuletzt abfgerufen 2.8.2018)

CNN, Republican Presidential Debate 2016 Simi Valley California (September 16, 2015 – Main Debate), https://www.youtube.com/watch?v=Mdm6zEup7Vg (zuletzt abgerufen 2.8.2018)

derTomekk, Anhörung vor dem Europäischen Parlament mit Mark Zuckerberg, https://www.youtube.com/watch?v=cDUgfmZ0yPw, veröffentlicht am 22.5.2018 (zuletzt abgerufen 4.12.2018)

Deutscher Bundestag, 25. Sitzung vom 26.2.2010, TOP 18 ISAF, Der Präsident schließt die Fraktion »Die Linke« von der Sitzung aus, Parlamentsfernsehen, https://tinyurl.com/yyhnon3m (zuletzt abgerufen 14.2.2019)

Division C 18, Grüne Spitzenkandidatin Katharina Schulze ohne klare Antworten, https://www.youtube.com/watch?v=Tl8rjH3U2no, veröffentlich am 11.10.2018 (zuletzt abgerufen 23.11. 2018)

Donald Trump Humiliates John Kasich at the CNBC GOP Debate, https://www.youtube.com/watch?v=YYOI4sLPeL8 (zuletzt abgerufen 2.8.2018)

Donald Trump vs. Marco Rubio – Full Debate Highlights, 25.2. 2016, https://www.youtube.com/watch?v=CR0k5xdUxBs (zuletzt abgerufen 2.8.2018)

Euronews, Gianluca Buonanno mit Merkel-Maske im EU-Parlament in Straßburg, https://www.youtube.com/watch?v=1wcK HQYCA88, veröffentlicht am 9.9.2015 (zuletzt abgerufen 4.12.2018)

Guardian News, Five touching moments between Donald Trump and Emmanuel Macron, 26.4.2018, https://www.youtube.com/ watch?v=0ZzhQJvH1w8 (zuletzt abgerufen 2.8.2018)

The Guardian, Why the poorest county in West Virginia has faith in Donald Trump|Anywhere but Washington, 13.10.2016, https://www.youtube.com/watch?v=eqceHviNBC4 (zuletzt abgerufen 2.8.2018)

Hillary Clinton in der Graham Norton Show, BBC One, 20.10.2017, www.youtube.com/watch?v=2cCOFaEBoZY (zuletzt abgerufen 30.10.2017)

Horst Seehofer lässt Angela Merkel zehn Minuten lang stehen, https://www.youtube.com/watch?v=s_dNXh19G_4 (zuletzt abgerufen 16.6.2018)

Info-Kanal, Wortentzug für AfD-Abgeordneten, https://www.youtube.com/watch?v=UHe29gkGnHE, veröffentlicht am 15.11.2017 (zuletzt abgerufen 18.11.2018)

Landtag von Baden-Württemberg, 47. Sitzung vom 15.11.2017 (Rede MdL Meuthen), https://www.landtag-bw.de/home/mediathek/videos/2017/20171115sitzung0471.html?t=0 (zuletzt abgerufen am 14.2.2019)

Landtag von Baden-Württemberg, 78. Sitzung vom 12.12.2018, Eklat im Landtag wg. MdL Räpple, https://www.landtag-bw. de/home/mediathek/videos/2018/20181212sitzung0781.html? t=0 (zuletzt abgerufen 20.2.2019)

Lauby, Stefan (Regie), *Schlachtfeld Politik. Die finstere Seite der Macht*, NDR 2011

Leftsideharz, ARD Panorama, AfD verbreitet Lügen, 29.10.2015, https://www.youtube.com/watch?v=wsszM9ozDaY, veröffentlicht am 4.11.2015 (zuletzt abgerufen 8.12.2018)

MSNBC, Ron Perlman und John Mc Whorter zu Gast bei Joy Reed (»Am Joy«), 24.7.2017, https://www.youtube.com/watch? v=tHv0RExQsPQ (zuletzt abgerufen 7.8.2018)

Nerdwriter1 (= Evan Puschak), How Donald Trump answers a question, 30.12.2015, https://www.youtube.com/watch?v=_aF o_BV-UzI (zuletzt abgerufen 7.8.2018)

News Site »Business Insider«, Trump appears to ignore requests for a handshake with Angela Merkel, 17.3.2017, https://www. youtube.com/watch?v=uLfukuEutIU (zuletzt abgerufen 2.8. 2018)

Philippe Reines playing Trump in debate prep, in: http://edition. cnn.com/videos/politics/2016/09/24/reines-playing-don ald-trump-debate-prep-newday.cnn (zuletzt abgerufen 30.10. 2017)

Phoenix vor Ort, Rede von Johannes Kahrs (SPD) im Zusammenhang mit der Debatte im Deutschen Bundestag zum Bundeshaushalt 2019 am 11.09.2018, https://www.phoenix.de/17-ple narwoche-september-2018-a-437913.html?ref=suche (zuletzt abgerufen am 20.2.2019)

Presidential Debate (1st) Election 2016, *The New York Times*, https://www.youtube.com/watch?v=gitYtuF61iI&list=PLfm DakLYDgMyVEdZNNpbu1dTAMtlouUjP (zuletzt abgerufen 30.10.2017)

Presidential Debate (2nd) Election 2016, *The New York Times*, https://www.youtube.com/watch?v=rfq0Yw2sMq0 (zuletzt ab-gerufen 30.10.2017)

Presidential Debate (Final) Election 2016, *The New York Times*, https://www.youtube.com/watch?v=Z_Eb1bDN-w (zuletzt ab-gerufen 30.10.2017)

Ruptly Nachrichtenagentur (Tochterfirma des staatlichen Sen-ders »Rossija Sewodnja«), Russia: Putin braces ice-cold water for Epiphany dip, 19.1.2018, https://www.youtube.com/watch? v=GwG0Dc2HaXg (zuletzt abgerufen 2.8.2018)

Ruptly, Italy: Another protocol blunder? Trump obscures Merkel from view in G7 photo, 27.5.2017, https://www.youtube.com/ watch?v=6b2cE2nxADQ (zuletzt abgerufen 2.8.2018)

RT, »She is being a guard dog« (sic) – Putin jokes as his pet barks at Japanese journalists, 13.12.2016, https://www.youtube.com/ watch?v=zOemaZfcQ5g (zuletzt abgerufen 2.8.2018)

RT, Video: Putin enters leopard cage at Sochi National Park, 4.2. 2014, https://www.youtube.com/watch?v=wYr_5gRMFRU (zu-letzt abgerufen 2.8.2018)

RT, Siberian vacation: Putin takes short break to spearfish, hike & sunbathe, 4.8.2017, https://www.youtube.com/watch?v=RVG jKV9TAHs (zuletzt abgerufen 2.8.2018)

Susanne Gaschke vor dem Kieler Stadrat am 22.8.2013, https://
www.youtube.com/watch?v=Ub4dYy2xUms (zuletzt abgeru-
fen 31.10.2017)

Statement by Martin Schulz, EP President on the exclusion of
Eleftherios Synadinos (NI, GR), Plenary session 7–10, March
2016 in Strasbourg. Multimedia Centre, Europäisches Parla-
ment, https://multimedia.europarl.europa.eu/de/statement-
by-martin-schulz-ep-president-on-the-exclusion-of-elefthe
rios-synadinos-ni-gr_I117984-V_v, veröffentlicht am 9.3.2016
(zuletzt abgerufen 14.2.2019)

Stefan Räpple, Wutrede MdL Stefan Räpple (AfD), https://www.
youtube.com/watch?v=Dhr6BHmzpHQ, veröffentlicht am 21.7.
2016 (zuletzt abgerufen 19.11.2018)

Vice News, 27.11.2017, Trump Says These 21 Things Make A »Bing«
Sound, https://www.youtube.com/watch?v=pgwr9r36zIU (zu-
letzt abgerufen 8.8.2018)

Das Arroganz-Prinzip. So haben Frauen mehr Erfolg im Beruf. Überarbeitete und erweiterte Neuausgabe. Fischer Taschenbuch, ISBN 978-3-596-70319-7

Die Manipulationsfalle. Selbstbewusst im Beruf mit dem Arroganz-Training® für Frauen. Fischer Taschenbuch, ISBN 978-3-596-19824-5

Die Königsstrategie. So meistern Männer berufliche Krisen. Krüger Verlag, ISBN 978-3-8105-1307-6

Die freundliche Feindin. Weibliche Machtstrategien im Beruf. Piper Verlag, ISBN 978-3-492-05830-8